Hábitos de ricos

Juan Diego Gómez Gómez

Hábitos de ricos

Nuevas ideas para alcanzar la
libertad financiera

PAIDÓS EMPRESA

Obra editada en colaboración con Editorial Planeta Colombiana, S.A. – Colombia

Diseño de portada y de colección: Departamento de Diseño Editorial, Editorial Planeta Colombiana

© 2016, Juan Diego Gómez Gómez

De todas las ediciones en castellano,

© 2016, Editorial Planeta Colombiana, S.A.

Derechos reservados

© 2016, Ediciones Culturales Paidós, S.A. de C.V.
Bajo el sello editorial PAIDÓS M.R.
Avenida Presidente Masarik núm. 111, Piso 2
Colonia Polanco V Sección,
Delegación Miguel Hidalgo
C.P. 11560, Ciudad de México
www.planetadelibros.com.mx
www.paidos.com.mx

Primera edición impresa en Paidós Empresa en Colombia: julio de 2016
ISBN-13: 978-958-42-5167-1
ISBN-10: 958-42-5167-8

Primera edición impresa en Paidós Empresa en México: octubre de 2016
Séptima reimpresión en Paidós Empresa en México: diciembre de 2017
ISBN: 978-607-747-271-1

Impreso en los talleres de EDAMSA Impresiones, S.A. de C.V.
Av. Hidalgo núm. 111, Col. Fracc. San Nicolás Tolentino, Ciudad de México
Impreso en México – *Printed in Mexico*

A mis seguidores, fuente de inspiración

CONTENIDO

1

LOS PILARES
DE LA RIQUEZA

He estado obsesionado con divulgar un conocimiento con la mayor pedagogía posible, de tal suerte que las personas se apropien de él y transformen su realidad cotidiana. Este libro no será la excepción y utilizaré toda mi capacidad didáctica para que esta experiencia de lectura pueda transformar tu vida. Nada gano con hablar de riqueza, de educación y libertad financiera, de inspiración, de encontrar un sentido trascendental al deseo de ser rico, si no comparto ideas sobre cómo lograrlo. No nos da temor, entonces, poner la vara alta desde el principio.

Parto de la certeza de que cada uno de nosotros es capaz de convertirse en la persona que quiera ser, pero esto, como lo iremos viendo a lo largo de estas páginas, requiere de algo más que una poderosa determinación de hacerlo. Una de las cualidades más fascinantes de los seres humanos es la extraordinaria capacidad de cambiar y siempre poder mejorar. Decir que no es posible alcanzar una transformación o que los defectos estarán ahí para siempre porque "así nacimos" es, desde mi punto de vista, una frase mediocre.

En más de veinte años como inversionista, coach y analista financiero, con recurrencia las personas me dicen: "quiero conseguir dinero, pero no lo logro, no lo veo posible todavía". He podido concluir a través de mi propia experiencia y la de muchas personas, que mientras más se busca algo con espíritu egoísta, se vuelve más esquivo y difícil de obtener. Hoy tengo claro que es indispensable contar con una motivación profunda, que sea el motor para revestir esas aspiraciones con un sentido trascendente, que nos lleve a descubrir el potencial que tenemos para superar cualquier obstáculo; el dinero, la riqueza y la abundancia llegarán por sí mismos, pero solo si tenemos bien definido para qué los buscamos.

Puede sonar sencillo, pero definir este "para qué", ese "propósito de vida", requiere recorrer algunos pasos y no debe confundirse con el resultado esperado de ciertas acciones en la vida. El significado de esto lo aclararemos en las páginas que siguen mediante ejemplos, con el ánimo de que cada quien lo descubra y sienta en su vida cómo surge lo que hemos llamado "un modo de vida púrpura", que lo diferenciará del común de la gente. Descubrirás también que dentro de ti hay una imbatible capacidad para hervir, de apasionarte tanto por tu "para qué", que alcanzarás lo que te propongas. Baste señalar por ahora que desde nuestra perspectiva, alcanzar la riqueza, la prosperidad y la abundancia, va ligado de una manera directa con el crecimiento de cada cual como persona: da un abrazo, sé amable y generoso, haz una llamada a alguien que tal vez no la espera, sé firme, siempre aspira a más y te darás cuenta de cómo todo eso tiene relación con el dinero.

Nada gana una persona con decir "quiero progresar financieramente" si sus hábitos, si lo que estudia, si lo que lee, si aquello en lo que participa, si las personas de las que se rodea, siguen siendo siempre los mismos. Incluso, si sus horas de sueño siguen siendo largas y plácidas esperando que su realidad cambie por sí sola como por arte de magia. Por eso puedo afirmar que no hay diferencia alguna entre una persona pobre y una persona que quiera ser rica pero que no hace nada útil para lograrlo.

Llegar a estas reflexiones ha sido el fruto de mi experiencia. Convertí en la oportunidad de mi vida lo que para muchos es una tragedia: ser despedido. Lo he repetido en mis conferencias y seminarios y lo reafirmo cada día. Fue el momento de confrontarme, ver de qué estaba hecho y encontrar mi norte. Cambié mi mentalidad y ello permitió que pasara de ganar ochocientos dólares mensuales como docente e investigador universitario a obtener ingresos mensuales, tan solo cuatro años más tarde, superiores a los de cualquier presidente o CEO de empresa privada en la región.

Antes de los 35 años de edad había sido profesor, escrito cinco libros y era columnista de importantes medios de economía del país. También había acumulado experiencias muy valiosas en el sector financiero privado en diversas entidades, hasta que llegó aquel momento determinante. Creé entonces el primer seminario de inversiones por Internet para no expertos en Colombia en el 2000, cuando la inmensa mayoría no tenía una computadora y pocos se atrevían siquiera a realizar un pago por Internet; en la actualidad, ya son más de 75 las versiones de este seminario.

En 2004 fundé Invertir Mejor con el propósito de masificar las inversiones por Internet; hoy Invertir Mejor logra este objetivo en más de cuarenta países en los que tiene clientes, pero más importante aún es que nuestra razón de ser ya no solo tiene que ver con inversiones; es inspirar la vida de nuestros socios y seguidores por medio de una mejor educación financiera y un crecimiento personal. Me interesa inspirar a millones de personas, y que a través de mi influencia puedan modificar su existir. Quise que más que una empresa, Invertir Mejor se convirtiera en una causa; lo hemos ido logrando, gracias al trabajo de un equipo humano comprometido al que siempre agradezco y a Alicia, mi esposa.

Para mí, el universo nos evalúa todos los días, y mientras más determinación tengas, más méritos acumulas; esa determinación, esas ganas, esa pasión que le imprimas a tu trabajo diario, es terreno fértil para que se cosechen buenos frutos. En cada momento de la vida, ese universo toma una foto en la que quedan registradas las condiciones exactas en las que tú te encuentras, y depende de ti hacer que esa foto sea bonita y luzcas como quieres verte. Eso me ocurrió a mí: transformé lo que parecía una situación adversa en lo que hoy es mi más profundo motivo para existir y a lo que dedico el ciento por ciento de mi tiempo laboral: enseñar, inspirar e *invertir* en que las personas sean más felices. Como veremos, entre menos egoísta e individual sea tu "para qué", el universo te devolverá más prosperidad y qué mejor que venga acompañada de dinero. El dinero en sí no es el propósito, tengámoslo claro desde el inicio, es uno de los resultados deseables de un propósito fuertemente arraigado en nuestro ser.

El secreto es SER para llegar a tener; no tener para llegar a SER. Aumenta tu riqueza interior, y aumentará tu riqueza exterior.

He destacado la palabra *invertir* intencionalmente. Cuando inviertas recursos, ojalá vayan destinados a un negocio donde despliegues aquello para lo cual has venido a este mundo, ese propósito trascendente que hemos bautizado como el "para qué"; este propósito debe estar relacionado con lo que haces mejor, con tus talentos, y por eso hay que monetizarlos o volverlos dinero.

Todo ser humano tiene defectos, de eso no hay duda, pero a la par tiene un sinnúmero de habilidades y destrezas que descubre en los momentos que parecen más difíciles y que antes no creía posible poder desplegar; sin excepción, talentos tenemos todos, la diferencia la hace quien los descubre y los convierte en algo rentable. La mayoría de la gente subestima ese capital que tiene ahí latente y aprender a explotarlo es también educación financiera, como lo veremos en este libro.

He mencionado uno de los factores que fueron determinantes en mi carrera, que me llevaron a cambiar mi vida y me señalaron un hito para descubrir y potenciar los talentos que ya tenía: haber sido despedido. Esta situación me confrontó y me llevó por un camino hacia la generación de nuevos y mayores ingresos, un trayecto que deseo que cada lector forje también. La foto que el universo hizo de mí en ese momento era la de una persona ante un obstáculo nuevo e inesperado, pero dotado por naturaleza con la determinación de cambiar la situación por completo y volverla a su favor.

Llegué a corroborar que "la realidad de una persona se basa en lo que ella cree que es posible; nada cambiará hasta que la realidad de esa persona cambie, y eso solo se convierte en realidad cuando sea capaz de vencerse a sí misma, vencer sus miedos, vencer sus defectos". Me había visto obligado a reflexionar profundamente sobre mis propios talentos y aspiraciones para convertir esa adversidad en el terreno donde sembraría las semillas de mi propio destino, y transformar esa crisis en oportunidad. Los cuestionamientos a los que me enfrenté no eran nada sencillos ni triviales: ¿a qué había venido al mundo?, ¿qué es lo que mejor hago?

Las respuestas no las encontré de inmediato. Pero al mirar lo que había hecho hasta el momento, fui dándome cuenta de que la razón de mi vida era enseñar e inspirar, para lo cual contaba con talentos que me ayudaban a hacerlo bien tales como la capacidad de expresarme en público, estudiar y ser disciplinado. El universo me estaba mostrando que aquella primera fotografía empezaba a cambiar, otros caminos se abrían y la siguiente foto iba a ser radicalmente diferente.

Así como descubrí y valoré mis talentos y virtudes, también los defectos seguían allí, y afloraban a tal grado que opacaron lo que empezaba a construir. El éxito en el campo laboral me había llevado a convertirme en una persona soberbia, prepotente, poseedor de la verdad absoluta, tanto que ni yo mismo me soportaba en ocasiones. Me faltaban inteligencia emocional y espiritualidad y, literalmente, me humillé y vencí a mí mismo para adquirirlas.

Considero que cuando das el éxito por descontado y crees que estará ahí para siempre y que tus capacidades pueden eclipsar otras cosas tan importantes en la vida como tratar mejor a los demás, no perder el control y ser más humano, estás perdido. Había ido logrando generar muchos más ingresos que los que tenía cuando estaba empleado, eso estaba muy bien, no obstante nada ganaba si trataba mal a las personas y no crecía interiormente.

Hubo un detonante en mi vida que me mostró, como en una revelación, que para ser verdaderamente rico y próspero debía cambiar mi manera de ser y la forma en la que me relacionaba con los demás. Ocurrió luego de llamar a un *call center*: ante la demora en el tiempo de respuesta y atención, descargué todo mi enfado contra la persona que estaba del otro lado de la línea para atender mi requerimiento. No era la primera vez. Al colgar, sumido en cólera, viví como en una experiencia surrealista una confrontación conmigo mismo: sentí como si frente a mí hubiera otra presencia que me preguntaba quién me creía para tener el derecho de maltratar a otra persona, empezando a surgir en ese momento todos los defectos que quería erradicar. Recuerda: soy un convencido de que el ser humano puede ser quien quiera ser y siempre puede ser una mejor versión de sí.

No siempre es un proceso que se dé de la noche a la mañana. Pero el primer paso es determinar que debe haber un cambio, que en mi caso debía ser profundo y radical; debía ser un auténtico salto cuántico que me llevara del punto donde estaba, no al siguiente nivel, sino mucho más adelante y siempre por encima de las expectativas.

Fue así como tomé la decisión de dar ese salto, de demostrarme a mí mismo y a quienes me rodeaban que podía convertirme en una mejor persona. Decidí someterme a una de las pruebas más difíciles para alguien soberbio y prepotente como yo lo era: mediante experiencias de *coaching* en Programación Neurolingüística (PNL) y ejercicios de crecimiento personal, viví momentos donde me sentía muy incómodo, expuesto y obligado a servir a las demás personas con humildad y dedicación; vencer la soberbia que me caracterizaba, vencer la prepotencia que cerraba puertas; vencerme a mí mismo, en otras palabras. Ningún libro o curso podría igualar la experiencia misma de haberme puesto en la posición de otras personas, sin juzgarlas, y gracias a eso corregir unos comportamientos que estaban distorsionando mi realidad, y por ende, bloqueando el verdadero camino hacia una vida próspera en todo sentido. Desde que eso pasó, el universo no ha hecho sino enviar bendiciones, aunque sé que todavía hay y habrá muchas más cosas por corregir. Nunca hay que dejar a un lado la determinación y la convicción de que cambiar, y no paso a paso como siempre se nos ha dicho, sino rápidamente, sí es posible si así nos lo proponemos. Es perfectamente viable ser una persona el viernes y el lunes siguiente ser otra distinta.

Para qué caminar si se puede volar; para qué avanzar paso a paso si existen los saltos cuánticos. Cuidado con lo que te acostumbraste a vivir.

Nada cambiará hasta que modifiquemos nuestra realidad. La invitación es a que todos los días hagamos algo que nos dé miedo, viajar, conocer nuevas personas, leer cosas distintas, todos los días correr riesgos, todos los días salir de esa zona de confort en la que nadie se hace grande. El universo tomará cada foto y registrará los méritos de cada momento, así como la determinación con que forjes tu carácter; todo ello se sumará y confirmará que no es coincidencia que quienes crecen como personas aumentan sus ingresos en proporciones que no imaginaban.

Y si llegara a tu vida este punto de prosperidad y abundancia, el cual deseo desde ya para ti y sé que lo lograrás, no te dejes engañar por quienes se apegan a aquel viejo adagio que sentencia que es apenas un "cuarto de hora de fama o fortuna" que debes aprovechar. Cuando logras la abundancia y la riqueza, atraerás más si estás *apalancado* en un "para qué" sólido, trascedente y con efectos duraderos. Hablaremos más adelante de lo que significa para mí y para una persona púrpura el concepto de apalancarse.

Por el momento, si estamos de acuerdo entonces en que tenemos que cambiar hábitos y mentalidad para ver una nueva realidad, creo que habremos partido de un punto útil. La abundancia llegará a tu vida cuando ya esté en tu cabeza. Pero esto tiene una íntima relación con otro aspecto fundamental del que también tuve que ser consciente y que compartiremos ampliamente: el lenguaje.

La abundancia será posible solo cuando *las palabras* que usas en el día a día cambien, no las palabras con las que te comunicas con el otro, sino también las palabras que te dices a ti mismo, las que te dices todo el día, muchas de las cuales deberían pagar peaje y hoy no lo pagan. Es decir, muchas palabras deberían salir por completo de tu vocabulario cotidiano y de la forma como enuncias para ti mismo, mentalmente, y ante los demás, tus propósitos, proyectos, metas y deseos.

Las palabras no se las lleva el viento; las palabras definen tu realidad. ¡Atento a las que dices, y a las que te dicen!

La Programación Neurolingüística (PNL) es una herramienta que recomiendo absolutamente para comprender el gran poder que tienen las palabras para atraer riqueza y abundancia. A todas las personas que han asistido a mis conferencias y seminarios, a los clientes con quienes trabajo en Invertir Mejor y a mis lectores, les recomiendo que al menos una vez en su vida vivan la experiencia de participar en un taller o seminario de PNL. En la actualidad existe una amplia oferta en todos los países de nuestra región donde pueden hacerlo. El gran aporte de esta vivencia es desarrollar un uso asertivo y constante de las palabras que día a día, todo el tiempo, empleamos para enunciar nuestros deseos y *decretar el cumplimiento de nuestras aspiraciones*. Nadie puede hacer esto por nosotros, es indelegable e impostergable decretar cuál es nuestro "para qué", afirmar nuestro propósito de vida, derrotar el conformismo y generar una realidad próspera para sí mismo y el entorno. Verás que es posible incluso caminar sobre el fuego sin quemarte, si así te lo propones y te lo repites a ti mismo, tal y como ya lo he realizado en múltiples ocasiones.

En este punto podemos preguntarnos: si todos los seres humanos tienen voluntad, posibilidad de cambiar y formas de usar de manera más asertiva y contundente las palabras, ¿por qué no todos son ricos, si la gran mayoría desea serlo? Ocurren varias cosas que lo explican. Por una parte, hay personas que teniendo tiempo y salud para crear riqueza, no lo hacen, en virtud de que se acostumbran a que les den todo servido y sin que deban esforzarse. Pasan su vida quejándose, llorando, lamentándose, reclamando subsidios y prebendas y jamás desarrollan todo aquello que tienen dentro de sí, el potencial infinito que poseen, básicamente porque no se han enfrentado a verdaderas urgencias.

Solo la presión alta transforma el carbón en diamante; es triste percibir que por miedo a la presión, por miedo a vivir esas urgencias, la mayoría muera solo como carbón.

La urgencia es clave. Si no la tienes o no la has tenido, genératela. Es el camino para encontrar cuáles son genuinamente tus motivaciones y descubrir a qué viniste a este mundo. El 10 por ciento de las personas ganan el 90 por ciento del ingreso mundial; ahora bien, si en realidad deseas estar dentro de esa minoría a la cual es genuino aspirar, sométete a urgencias, es decir a extremos que te inclinen a desarrollar tus talentos, trabajar en tus defectos, buscar ingresos nuevos o adicionales a los que ya tengas; genera las circunstancias que te presionen en tu vida y te alejen o saquen de la zona de confort, en la que no vas a crecer como persona. Mi invitación es a que todos los días pongas un listón más alto, todos los días pongas metas más ambiciosas. Vete de tu casa si eso te permitirá exigirte más, sobregírate con el banco, viaja sin un dólar en el bolsillo, renuncia a tu empleo si no lo disfrutas, pero por favor: ¡haz algo que te ponga contra las cuerdas, permite que brote tu genio y veas de qué estás hecho si quieres volar y no solo caminar!

Abocado a las urgencias, motivado por tu "para qué" o motivación profunda, generarás los hábitos financieros que marcarán el futuro de tu patrimonio. De ahí que el "para qué" no pueda ser débil. Necesitas transmitir pasión cuando hables de este a las personas y cuando te lo repitas a ti mismo. Sin determinación o razón de ser en este mundo, no serás rico nunca. Sin motivación ni urgencias que te obliguen a buscar y generar ingresos, tampoco serás rico. Y sin hábitos ni educación financiera, menos aún cumplirás tu objetivo, no desarrollarás el criterio necesario y seguirás invirtiendo en lo mismo de siempre.

Una de las razones por las cuales hay personas que son pobres y con seguridad seguirán siéndolo es que suman y suman horas mal utilizadas. Eso es la pobreza: una suma de horas mal utilizadas. Cuando tenemos hábitos malos que no contribuyen al propósito que buscamos, sin duda estamos haciendo un mal uso del tiempo. Incluso considero dormir más de seis horas como una actividad necesaria pero lamentable para atraer riqueza. Si Dios quisiera que durmieras mucho, ya te habría enviado la muerte. Si has detectado que necesitas dinero, tienes que buscar cómo conseguirlo. Ahora pregúntate qué hábitos de tu vida son consecuentes con nutrir ese incremento en el capital financiero o cuáles deberías abandonar. Si el universo le tomara una fotografía en este momento a tu vida, ¿cómo saldría esa foto? Piensa qué cosas, personas, actitudes afean esa foto y cuáles consideras que deberían aparecer la próxima vez que se capture ese momento. Si no lo tienes claro, espero que con este libro y con mis videos disponibles en el canal de YouTube, Invertir Mejor Online, pueda darte luces al respecto.

2

HACIA UNA VIDA PÚRPURA

———

S er rico implica desarrollar algo especial y extraordinario que te diferencie de las demás personas. Algo único que te distinga y que surge de una serie de cualidades y talentos maximizados por ti mismo. No se trata de ser diferente en apariencia o de manera superficial, sino de algo en lo más íntimo de tu ser. Si tú eres de las personas que creen que no tienen ningún talento y que no pueden inspirar a otros, voy a demostrarte que quizás estás equivocado, pues todos, sin excepción, contamos con la materia prima para siempre ser mejor de lo que somos.

Mi "para qué", mi propia motivación en la vida, es ayudarlos a iniciar ese proceso de descubrimiento que lleve a que cada quien encuentre su propia motivación, una tan fuerte, profunda, sostenible y trascendental, que lo conduzca por los caminos de la riqueza y la prosperidad material. Para mí lo más importante es orientar en la búsqueda de un proceso *púrpura* a cada lector de modo que le ocurran cosas y cambios que generen riqueza en su vida.

Muchas personas se han acercado a mí y afirman con total certeza que ellos no tienen ningún talento especial que les dé la más remota posibilidad de volverse ricos. Como lo veremos, cada persona tiene un sinnúmero de talentos que desarrollar y *monetizar*, es decir, volver dinero. En esto último está parte de la clave para generar ingresos, pero si de entrada alguien considera que no tiene talentos o que no guarda en lo más profundo de su ser un diferenciador que lo hace único, está anulando con su pensamiento y con el lenguaje la posibilidad de generar riqueza. El pensamiento y el lenguaje son las cosas más poderosas que tenemos para cambiar nuestra realidad de manera positiva, pero si no los manejamos bien se convierten en las armas más letales de nuestras aspiraciones y sueños.

Hay quienes señalan que el obstáculo al que se enfrentan para lograr ser ricos es que no nacieron en un contexto familiar privilegiado para dedicarse a lo que les gusta en realidad. Como se dice coloquialmente, "no nacieron en cuna de plata" y señalan a sus padres, su familia y su educación, como los factores que determinaron y los condenaron a ser pobres durante toda su vida.

Me he encontrado también con quienes consideran que el problema radica en el lugar donde nacieron, países sin oportunidades iguales para todos, con medios precarios o círculos sociales cerrados. Tan limitados que no tuvieron la oportunidad de hacer las conexiones necesarias para alcanzar posiciones prominentes o tener éxito con sus ideas de negocios.

Algunos dirán que no han logrado ser exitosos porque no son lo suficientemente altos, atractivos, flacos, sexys…, lo que sea, porque carecen de cualquier cualidad que creen que les daría alguna ventaja sobre los demás. Son capaces de enumerar un rosario de excusas como si fuera una espiral interminable, como un ciclo de pretextos de nunca acabar y que termina por anular de sus vidas el cambio y el progreso. Es frecuente por ejemplo que las mujeres en particular sientan que su condición de género ya las ubica en un plano de desventaja, y por lo tanto, estén condenadas a no ser ricas o tan ricas como lo puede ser un hombre. He comprobado que nada de esto es cierto, que solo se trata de conversaciones limitantes que tenemos adentro de nosotros mismos y que todos, sin excepción, pueden crear las condiciones para ser ricos; es más, deben hacerlo, pero hay que vencer los temores y complejos que los frenan.

No voy a negar algo evidente como lo es que cada persona nace en circunstancias diferentes, pero para mí eso no determina tu destino de una manera inquebrantable como si quedara grabado en piedra y no hubiera remedio. Por el contrario, soy un firme creyente en las infinitas posibilidades que tiene cada persona para cambiar su vida y siempre mejorar, como ya lo hemos indicado, pero agregaremos ahora que tomar la determinación de ser rico tiene que ver como primera medida con apersonarse de la propia vida y asumir toda la responsabilidad de lograr ese propósito sin escudarse en los pretextos antes mencionados.

En mis conferencias y seminarios repito constantemente que los ricos se responsabilizan por los resultados; no por las excusas. No están endosando culpas del porqué no salieron las cosas o tuvieron un giro inesperado; ellos se apersonan de la situación, participan activamente en el proceso de creación de riqueza y sea cual sea el resultado, siempre ganan o aprenden al final. La palabra fracaso no forma parte de un diccionario púrpura; solo existe experiencia, aprendizaje y formación, no fracaso. Es más, siempre hablo de lo importante que es hacer inversiones en las que por anticipado uno sepa que va a ganar, a diferencia de lo que ocurre cuando compra una acción, una divisa, un commodity o bien básico, o un terreno. Seguramente tú, como sucede en dichos eventos, te estarás preguntando: ¿y cuáles son esas inversiones en las que por anticipado sabes que vas a ganar? Mi respuesta es: cuando inviertes en tu para qué. Y es que no hay algo más rentable que invertir en aquello que mejor haces, que desarrollas con pasión, que te motiva hacerlo y que cumple con tu propósito de vida. Y por rentable no solo me refiero a dinero; va más allá: es la satisfacción de que cumples con aquello a lo que viniste al mundo.

Sube tus ingresos al nivel de tus sueños, o verás bajar tus sueños al nivel de tus ingresos.

Recordemos que el universo nos toma fotografías: pregúntate en este momento qué tan al control estás de tu propia vida. ¿Cuántas excusas te dices a diario para no cambiar? ¿Crees que el dinero es malo por sí mismo? ¿Estás plenamente satisfecho con tu vida tal y como está hoy? ¿Qué pretextos te repites para no dedicar el ciento por ciento de tu tiempo a invertir tus recursos materiales y emocionales en aquello que te diferencia de los demás? ¿Quién es el único responsable de lo que ocurre en tu vida? ¿Acaso culpas a los otros de lo que te pasa a ti o de que no logras lo que te propones? Al final, imagínate cómo sería esa fotografía. ¿Te resulta satisfactoria y te sientes pleno y feliz con lo que ves?

Una persona que siempre esté refugiándose en los otros, escondiéndose, poniendo excusas o culpando a los demás por la mala fortuna que tenga en la vida, jamás será rica o progresará. Si todo el tiempo está buscando en los demás la solución a sus propios problemas, o si de manera constante está pensando en que las acciones de alguien más lo perjudican, es su propia mentalidad derrotista la que está frenando cualquier aspiración de convertirse en un ser extraordinario y merecedor de la riqueza.

Junto a estas personas también aparecen los que se sienten cómodos en la situación en la que están, los que no quieren modificar ninguna circunstancia por temor de perder lo poco que han logrado creyendo de manera ilusa que han alcanzado el punto más alto al que pueden llegar; están las personas que por miedo de perder un puesto de trabajo que les permite recibir cada mes un salario fijo aplazan o entierran para siempre sus aspiraciones de ganar más dinero y tener los medios para hacer ciertas cosas. Estas personas son aquellos conformistas a quienes, bajo un manto de tranquilidad y parsimonia, se les va pasando la vida resignados.

Si tú quieres renunciar a la riqueza, ser un repelente para ella, confórmate con lo que hoy tienes, con ese salario, con esa zona de confort que, como un cáncer, te va comiendo mientras esperas el día en que por tu edad recibas una pensión que, cuando llegue (si es que llega), quizás te encuentres sin los bríos suficientes para disfrutarla.

La zona de confort te puede dar seguridad; pero no riqueza; te puede dar tranquilidad; pero no progreso. Evítala.

La zona de confort es un peligro: hay gente que se conforma con lo que tiene pero la casa se le está cayendo y los hijos estudian en colegios de pobre calidad, mediocres, y las vacaciones son por obligación al mismo destino de siempre. Entonces dicen: "nada me falta"; yo les pregunto: ¿qué les sobra? No se trata de que "nada me falte", pues en la vida uno se puede llenar de múltiples formas. El asunto no radica en si te llenaste o no, si tu vida es plena o no, sino en cómo te llenaste o cómo hiciste de tu vida una realmente púrpura y satisfactoria. Quiero destacar que siempre, siempre, siempre, todos tenemos la posibilidad de elegir, ser libres y forjar nuestro destino. No en vano hablamos de *libertad financiera*.

Por último, no podemos dejar de mencionar a aquellas personas que, incluso, critican el hecho de ser rico y el gusto por el dinero *per se*. Ven al rico con suspicacia o recelo, envidia, antipatía y resentimiento. "Esos ricos, ahí van, quién sabe de dónde están sacando el dinero" o comentarios para evadir la propia responsabilidad que lo único que muestran es una gran incapacidad para ocuparse de sí mismos y afrontar su propia pobreza material y espiritual. Soy un convencido, por ejemplo, de que aquellos que siempre critican las cosas materiales, muy en el fondo de su corazón las añoran, pero no tienen la valentía para conseguirlas.

También nos encontramos con gente que con frases muy arraigadas en nuestras culturas latinoamericanas, como "menos es más", "el dinero es un problema", "rico es el que menos necesita", cortan de raíz cualquier iniciativa de cambio y salto cuántico que una persona quiera dar hacia los hábitos que le conducen a la prosperidad y la abundancia. Eliminan la posibilidad esencial y *legítima* que tiene todo ser humano de desear ser rico, de encontrar su "ser púrpura" y efectivamente alcanzar niveles de ingresos monetarios mucho más altos del promedio y que quizás antes no se imaginaba.

Otras frases que abundan son del estilo "es mejor tener amigos que dinero" o "prefiero la riqueza espiritual que la material". Una persona púrpura grita a los cuatro vientos: "¡Yo prefiero las dos cosas, las dos cosas! Amigos y riqueza; riqueza material y espiritual", así como no queremos escoger entre tener manos o tener pies. En la vida hay que escoger por partida doble, ¿es mejor tener amigos que dinero? No, definitivamente no. ¡Voy por todo, voy en modo hervir y no he logrado ni siquiera el uno por ciento de lo que sé que puedo lograr! Así sugiero pensar.

No escojas a tus amigos por la cantidad de dinero que tengan. Pero por favor, ¡no todos tienen que ser pobres!

Una de las formas de atraer la riqueza es decir y pensar: "riqueza, me gustas; riqueza, me encantas; ven, siéntate a mi mesa". Pero si empiezo con la hipocresía, a esconderme y a criticar lo material porque supuestamente eso me aleja de Dios, ¡cuál me aleja de Dios, por favor!, no la voy a atraer. Yo lo que quiero es que nosotros nos pongamos al fuego, explotemos nuestras capacidades y le ayudemos a la gente, con toda la determinación, no simplemente que nos dediquemos a flagelarnos por lo que no tenemos o lo injusta que pueda haber sido la vida. La vida es como es; las cosas solo pasan, son fenómenos cuya importancia radica no en lo que pase, sino en la manera como interpretamos eso que pasa, el sentido que le damos.

Si alguien tiene el deseo genuino de cambiar su vida, mejorarla y generar riqueza para sí y quienes le rodean, comienza por reconfigurar la manera como ve las circunstancias de su entorno y la forma como se expresa sobre ellas. No se trata de evadir la realidad, sino de elaborar una que permita actuar en pos del logro de las metas y de satisfacer un "para qué" profundo y motivador.

Alguien que ve siempre al mundo como un obstáculo permanente para lograr cualquier propósito, el que sea, no necesariamente conseguir dinero, ve las cosas de una forma distinta a como las ve alguien que se ha propuesto alcanzar grandes cosas. Por ejemplo, es distinto decir "alguien me hirió, me abandonó, me robó" o "esa persona se aprovechó de mí" que enunciar las experiencias como aprendizajes u oportunidades que la vida puso en el camino para comprender algo. De ahí que quien no progresa siempre está lamentándose y exclama "¡por qué a mí!" mientras que una persona *púrpura*, o sea alguien que se ha lanzado sin temor a la conquista de la riqueza y la abundancia siempre se pregunta "¿para qué me sucedió?" y ve oportunidades donde en apariencia solo hay adversidad. "Me echaron de mi trabajo", diría alguien que no es púrpura, mientras que alguien púrpura afirmaría "me despidieron de mi trabajo para que encontrara mi norte y supiera de qué estoy hecho". Quejarse puede ser humano, pero adaptarse es esencial.

Lo anterior forma parte de un concepto fundamental sobre el cual baso mis conferencias y sesiones con mis clientes: la idea de *apalancamiento*. Podemos decir que el "por qué" nos vuelve víctimas, mientras que el "para qué" nos abre puertas. Apalancarse en la terminología financiera tiene que ver con endeudarse, conseguir recursos prestados para realizar algo: tomar un crédito por ejemplo para tener capital de trabajo. Eso es apalancarse en la acepción tradicional. He dado un giro a esta palabra para referirme al *apalancamiento* como aquella cualidad de aprovechar cosas que en principio serían imposibles de aprovechar, como puede ser una enfermedad, un despido, una separación, una pérdida económica, una quiebra. Las personas que desarrollan una actitud de hierro, que se apalancan en la vida aprovechando todo cuanto les pasa, incluso, repito, cosas que en apariencia no serían susceptibles de aprovecharse, irradian una energía individual diferente y poderosa. Su determinación de ser distintos y progresar es el germen de su éxito.

Ya hemos dicho que el 10 por ciento de las personas del mundo se ganan el 90 por ciento del ingreso mundial; ahora bien, si en realidad deseas estar dentro de esa minoría, a la cual es genuino aspirar, tienes que comenzar a diferenciarte. En un mundo como el actual, en el que todos quieren ser como los demás para parecer "normales", el mayor logro que uno puede tener es ser uno mismo. Cuando tú eres y expresas lo que sientes hay gente a la que eso le molesta, pero a esa gente debes restarle importancia; las personas a quienes realmente les importas no debe molestarles que te desarrolles como persona y triunfes, y que seas y expreses lo que eres.

¿Cuál es el problema de llevar una "vida normal"? ¡Que tus ingresos serán normales! Lo normal se olvida; lo púrpura se recuerda.

Así como debes procurar diferenciarte como persona, no temas verte a ti mismo como un producto. Tú como persona eres uno y como tal debes diferenciarte; si no te diferencias de los demás porque actúas como todos, te vistes como todos, ves lo que todos ven, oyes lo que todos oyen, hablas de lo que todos hablan, te vuelves un *commodity*, un bien esencial, una materia prima y serás remunerado como tal, pobremente.

Partamos del hecho de que las personas que desarrollan hábitos de ricos y son libres financieramente, primero, no dependen de un salario; segundo, generan ingresos con negocios e inversiones; y, tercero, son únicos, no reemplazables. Generar ingresos adicionales a un salario es absolutamente necesario en este proceso, y para ello debes dejar atrás los temores que te amarran a la aparente seguridad y tranquilidad de la zona de confort. Someterte a urgencias, ponerte metas altas y ambiciosas, hará que te esfuerces más y te mostrará de qué estás hecho realmente, hará salir al diamante que tienes adentro. Cuando descubras qué hace que haya fuego en tu interior, aquello que te hace hervir cada vez más, habrás encontrado tu talento.

¿Cómo puedes saber si eres un *commodity* o si realmente eres un producto que harás una diferencia? Haz por ejemplo el siguiente ejercicio: tras una conversación con alguien, reflexiona: ¿cómo has marcado a esa persona que es tu interlocutor? ¿Cómo lo dejas, qué le aportaste? ¿Qué le enseñaste? ¿En qué lo transformaste? ¿Crees que tu conversación es deseable para esa otra persona? ¿Hablas de lo mismo que todos, te quejas, o te sales de la manada y contagias con tu energía?

Cuando hay un producto maravilloso que se diferenciará de la competencia todos van a elegirlo. Igual sucede con las personas. Unas son capaces de salirse del rebaño y con su persistencia y tenacidad logran destacarse del montón: primer paso para atraer la riqueza. ¿Cómo podemos diferenciarnos entonces? Lo primero es tocar fibras, despertar emociones, no hay nada más adictivo que lo emocional, que lo *sexy*, que lo sensual, que lo interesante, que lo llamativo. Pregúntate qué tanto apasionas cuando estableces una conversación, cuando haces una presentación, cuando saludas a alguien, cuando simplemente te sientas en un lugar para que te miren. Tú no eres lo que haces, eres lo que provocas. La pasión es contagiosa, pero solo se puede ser apasionado cuando hay una razón de vida lo suficientemente poderosa para motivar esa energía, un "para qué" sólido y sincero. Ser púrpura, que es sinónimo de ser extraordinario, una persona diferente, no es acumular dinero porque sí, ser púrpura es desarrollar aquello para lo que vine a este mundo, beneficiar a miles, a millones y hacerlos más felices: ¡Eureka, así llegará el dinero!

Impacta a millones y te llenarás de millones.

Desde el momento en que te presentas, el instante en que abres tu boca y hablas con otras personas sobre ti y lo que haces, cómo das la mano, cómo miras, cómo te vistes, cómo sonríes o no sonríes, cómo caminas de rápido o de lento, todas las señales corporales que emites son esenciales para que te vendas al mundo. El 7 por ciento son las palabras, el 38 por ciento es el tono de voz y el 55 por ciento de nuestro lenguaje es la fisiología, cómo muevo las manos, los hombros, los ojos, todo eso habla por ti. Los gestos y las palabras que utilizas ante los demás te harán ser un producto necesario, uno indispensable o uno que no interesa a nadie. ¿Tú qué prefieres ser?

Es posible que hubieras respondido que deseas ser un producto diferente, apetecido, singular y altamente valorado y qué mejor que esto te produzca ganancias en dinero. Sin embargo, no basta con solo desearlo. Necesitas *decretarlo* y esto quiere decir afirmar con toda la certeza de que lo vas a llegar a ser, pero no en un año, en meses o en días, sino *a partir* de ahora.

Tu lenguaje tiene que ser asertivo ante los demás, hacia fuera, y también hacia dentro, en las palabras que uses para hablar contigo mismo. El lenguaje con el que nos hablamos día a día a nosotros mismos, la forma como enunciamos lo que *vamos a lograr*, ya no lo que deseamos simplemente, hace una gran diferencia entre las personas que son púrpuras y las que no.

A todo aquel que intente atravesarse en tu camino para ser feliz, simplemente recuérdale: ¡Mi felicidad no es negociable!

Hagamos un ejercicio. Alguien puede decir: "Deseo viajar con mi familia por Europa en un futuro". No está mal, es una buena intención. Pero fíjate en la diferencia radical si esa misma persona decretara su propósito de esta manera: "Viajaré con mi familia por Europa en julio del año entrante, en primera clase, y tendremos las mejores vacaciones que jamás hubiéramos soñado". Las palabras son muy poderosas y solo si nos apoyamos en ellas para afirmar nuestros propósitos, las vamos a hacer realidad.

Es indispensable enviar mensajes de abundancia siempre, tanto a nosotros mismos como a los demás, de forma asertiva, eliminando palabras que siembren dudas, incrementen temores o frenen nuestra acción. Esto es clave en la generación de riqueza; lamento haber llegado a este tema tan tarde en mi vida, pero llegué y ahora puedo compartir con ustedes la importancia de ello.

En mi caso, la programación neurolingüística fue una herramienta excepcional para clarificar mi lenguaje y ser consciente de que la forma en que enunciaba lo que me proponía influía de manera directa en que se cumplieran las cosas o no. También en la forma como estaba percibiendo la realidad. Descubrí que tenía una voz interior, así como tú la tienes, que me imponía frenos a mis acciones y constantemente saboteaba mi propia vida. La bauticé y le puse por nombre a esa voz dañina, "tóxica": Matilde. Fue un nombre elegido al azar, pero que me sirvió para que cada vez que invadía mis pensamientos con su pesimismo pudiera callarla y dominarla. "Matilde" también eran mis temores que me hacían zancadilla y no me dejaban actuar, tan fuertes que me paralizaban en ocasiones. Es esa voz que ante las crisis repite que todo está perdido;

es la voz que dice que no renunciemos a la comodidad de recibir un salario a fin de mes porque vamos a morir de hambre. Es la voz que dice "tú no eres capaz de hacer esto o lo otro", la voz de la culpa y la resignación, es la voz que grita "no hagas eso porque qué dirán de ti". Es la voz de quedarnos quietos, de no correr riesgos porque quizás fracasemos.

Todos tenemos una voz interna como Matilde y hay que silenciarla si de verdad hemos decretado ser ricos en nuestra vida. Ya sé que en este momento estarás pensando: "¿y cómo la silencio?" Cuando nos hacemos más grandes como personas, esa voz se cansa de competir. Cuando tenemos altos ideales, motivaciones fuertes, Nivel 10 como yo las llamo, un *para qué* contundente, que respalde nuestras fortalezas y gustos, la exigencia con nosotros mismos será tan grande, el reto de superarnos será tan vigoroso, que Matilde se hará cada vez más pequeña.

Volvamos por un momento al proceso de descubrir los talentos personales. Supongamos que has reflexionado sobre qué es todo aquello que te diferencia de los demás, aquellos talentos que solo tú posees y que te convierten en un producto maravilloso y esencial para este mundo. ¿De qué sirve si no lo muestras, si nadie sabe que existe? ¿A cuántos les llegas con tu talento, a cuántos inspiras con tu talento? Si la respuesta es "a nadie" o "a muy escasos" o "no sé", he ahí la razón que explica el poco dinero que actualmente tienes, he ahí tu pobre situación financiera. Muchos negocios fracasan, muchos emprendedores fallan por desconocer esta verdad. Al principio, estas personas le venden sus productos a sus familiares y amigos, quienes con entusiasmo compran para apoyar esa nueva idea, esa nueva ilusión; pero ¿y después? El mercado se les agotó y no tienen a quién venderle.

Esto nos lleva a concluir que para ser ricos es indispensable comunicar ese talento a cuántas más personas sea posible hacerlo. Apóyate en la tecnología, para eso se hizo Internet y ese es su gran poder. Puedes llegar a muchas personas, incluso mientras duermes, pues la tecnología existe para hacer lo que tú haces sin que necesites estar de cuerpo presente. Entrega tu talento a manos llenas, no escatimes en ello. Si tienes una empresa, ¿qué esperas para tenerla en Internet? Si sabes hacer algo que otros no, ¿por qué no lo publicitas? No subestimes tu talento; no subestimes tus capacidades, hay miles de seres en el mundo que lo necesitan. Muestra lo que haces y prometes, no escribas tanto, muestra, muestra, si tienes un producto, muéstralo; si vendes, distribuyes o eres exitoso en un servicio, muestra los testimonios alrededor de ese servicio. Todo ello traerá más dinero, no tengas la más mínima duda de eso, al tiempo que harás feliz a muchas más personas y multiplicarás los efectos de tu quehacer en la vida; ser púrpura no es acumular dinero, es también aportar a la felicidad de las personas. Invertir en eso es invertir en ti mismo, al tiempo que inviertes en los demás.

Mientras sigas pensando que vender es un tema de otros, y no tuyo, tendrás ingresos limitados. Sin hacer nada, ya te estás vendiendo.

Recapitulando lo que hasta ahora hemos afirmado, ser púrpura resulta de una decisión personal de responsabilizarse de nuestro destino, aprovechar los talentos que tenemos en beneficio propio y de la felicidad de los demás, vernos como un producto y apoyarnos en el poder transformador del lenguaje. Seth Godin, autor de varios libros de mercadeo, escribió uno muy importante a propósito de las vacas púrpuras. Decía en esencia lo siguiente: vas de paseo por un camino y de repente ves muchas vacas. La mayoría de ellas blancas y negras, como es de esperarse, inicialmente piensa "qué vacas tan bonitas". Sigues el recorrido y las vacas blancas y negras se van volviendo parte del paisaje, todas iguales y uniformes. El panorama se torna aburrido. ¿En qué momento algo golpea nuestra atención otra vez? Cuando aparece súbitamente una vaca distinta a todas las demás: una vaca púrpura, una vaca extraordinaria.

La lección de esta metáfora es que lo normal es aburrido y es indispensable diferenciarse. No obstante, yo voy un paso más allá: para mí lo normal termina apestando, no produce dinero, es rápidamente olvidado y solo la decisión personal de cambiar esa situación permitirá el surgimiento de cosas extraordinarias. Yo veo las vacas blancas como un incentivo para ser más púrpura. Las vacas púrpuras no se quejan, las vacas púrpuras se apalancan, una vaca púrpura deja un mensaje, pone a hablar a la gente. Si solamente la riqueza fuera importante, pues entonces todos los ricos serían púrpuras, y no lo son. Cuántos hay que engordan detrás de un escritorio, llenándose los bolsillos y nadie aprende de ellos, yo no quiero una vida así, eso no es púrpura. A mí no me interesa solo la acumulación, a mí no me interesa solo que tú te hagas rico, si tú te haces rico sin ser un mejor ser humano no eres púrpura, no eres extraordinario, yo quiero que impactes, que trasciendas, que influyas. Quiero que acumules riqueza, pero que ese sea solo el efecto del para qué viniste a este mundo. Como célebremente lo dijera el famoso escritor Wayne Dyer, que en paz descanse, no te concentres en el resultado; concéntrate en el propósito de tu vida, que ese propósito te llevará al resultado. En las sesiones con socios VIP de Invertir Mejor, me llama la atención que muchos de ellos creen que su para qué es ser ricos, tener libertad financiera, disponer de mucho más tiempo libre o viajar por el mundo. "Ese no es un para qué", les digo; es solo la consecuencia lógica de desarrollarlo. Si solo te concentras en un beneficio personal, sin pensar en los demás, sin servir, sin ayudar, los alcances del progreso serán muy limitados. Las bendiciones llegan, en proporciones inimaginables, cuando a nuestro propósito de vida le damos un sentido tal que se convierte en una obsesión, de la cual se terminarán beneficiando millones de personas.

3

LOS SALTOS CUÁNTICOS: OLVÍDATE DEL PROGRESO PASO A PASO

En mis conferencias y en las sesiones que tengo con socios de Invertir Mejor, hago mucho énfasis en la necesidad de desarrollar un propósito superior y trascendente en la vida como requisito para ser rico. No me cansaré de repetir que ser rico no se limita a acumular dinero, ni es sinónimo de robustecer nuestras cuentas bancarias. Eso es solo la consecuencia lógica de tener hábitos de prosperidad, una mentalidad enfocada en crecer como personas y una capacidad de monetizar los talentos que todos tenemos. Esto se logra si vencemos nuestros temores, y será factible hacerlo si damos saltos cuánticos en nuestras vidas.

En nuestra cultura está muy difundido que las metas se consiguen "paso a paso", y como tal, debemos esperar a que se vayan dando las condiciones personales y externas para que se hagan realidad nuestros sueños. Esta forma de pensar no coincide con la mentalidad de quien tiene hábitos de rico. Como lo he afirmado: el "paso a paso" serviría de mucho si fuéramos a vivir 500 años. Ser una persona rica no es sinónimo de parsimonia y placidez; se tiende a pensar que los ricos están relajados tomando el sol junto a una piscina, disfrutando de un coctel o jugando golf, porque ya lo tienen todo y han alcanzado sus metas. No es así. Precisamente se ven relajados porque aunque siempre van por más y cuentan con objetivos cada vez más ambiciosos, saben hacia dónde se dirigen para generar ingresos mayores que les permitan obtener las cosas que quieren; además, están focalizados en su próxima meta y en su propósito de vida; incluso mientras duermen pueden seguir generando ingresos, porque su determinación es tan poderosa que los ha obligado a maximizar sus cualidades y porque de tiempo atrás conocen que la generación de ingresos no debe requerir siempre de su presencia física.

¿Qué se opone a la cultura del "paso a paso"? Dado que desarrollar hábitos de rico radica en encontrar las formas de vida que te diferencien de los demás, lo opuesto al "paso a paso" y al pensamiento tan difundido del "esperar a ver qué ocurre", que son casi sinónimos uno del otro, sería el convencimiento profundo de que es posible dar saltos que lleven de un nivel a otro, pero no simplemente al siguiente nivel, sino a otros más y más altos. Si el "paso a paso" marca un ritmo lento y pausado, en el que vamos de 1 a 2 y de 2 a 3, y así sucesivamente, esperando por largo tiempo entre cada escalón, es posible que lleguemos a viejos aún a la espera de aquello que deseamos. Como se dice popularmente, nos pueden crecer raíces esperando a que ocurran cosas, y cuando lleguen, tal vez no podamos disfrutarlas o ya sea muy tarde.

Respeto a algunos colegas que dicen: "cómprate los lujos al final", pero resulta que al final, cuando ya estemos viejos y cansados, no vamos a tener los mismos bríos para disfrutar lo que se adquiere, ni las rodillas necesarias para recorrer la casa que siempre anhelamos tener o las calles de esa hermosa ciudad a la que soñamos ir desde que éramos niños. Imagínate haciendo un viaje a Europa con tus seres queridos, pero sin poder caminar lo suficiente por las calles de sus ciudades, sin la visión requerida para leer un mapa o pasando por los locales de jamones en Barcelona sin poder comer nada porque tienes el colesterol alto; muy tarde. No esperes mucho para obtener lo que has soñado, pues el tiempo corre y no vuelve. Los lujos en la vida se compran cuando se tiene la educación financiera para pagarlos y los bríos necesarios para disfrutarlos. Si una persona de treinta años compra una casa de un millón de dólares y otra persona de setenta años compra otra casa, también de un millón de dólares, el precio que cada uno pagó es distinto, en virtud de que cada cual la disfrutará de manera diferente. El joven pagó menos, ya que la disfrutará más. Por eso he afirmado que el precio de un activo nunca es igual para las personas, ya que está en función de la capacidad con la que cada una cuenta para disfrutarlo. Cuando compro un carro de lujo, viajo en primera clase o adquiero un reloj de marca, me aseguro desde el principio, e incluso antes de la compra, de disfrutar, oler, sentir, tocar, aquello que compro. Desde ese momento la compra vale la pena, o lo que es lo mismo, desde ese momento la compra empieza a ser rentable y a justificarse.

Mientras no pruebes el caviar, tú seguirás creyendo que el mundo está hecho de pollo. ¡Ve por lo mejor!

Hablo con frecuencia de los saltos cuánticos. Este es el opuesto al "paso a paso". Descubrí en mi propia vida que era posible pasar de 1 a 5, sin pasar por 2, 3 y 4. Y luego de

5 a 10 o 20 o 100. Lo que me propusiera, pero sin tardar o dejar a la deriva las circunstancias. Recordemos que una persona rica de verdad es capaz, primero, de asumir su propia vida y responsabilizarse de ella y sus resultados; y, segundo, de reconfigurar su propia realidad, verla de otra manera y construirla a partir de ver de forma distinta cada cosa, incluso las adversidades y calamidades más terribles. De ahí que si tu deseo más profundo es ser rico y generar más dinero que el que obtienes hoy en día, prepárate para dar saltos cuánticos y deja ahora mismo de observar con pasividad cómo crece la grama en tu pedacito de jardín, en la parcelita que controlas, porque si has de ser rico, y quiero que lo seas, tienes todo el mundo por delante para conquistar.

A partir de ahora, desde el momento en que leas estas líneas, deberás decretar en tu vida que eres una persona rica. Quiero que desde ya te visualices como la persona que quieres ser, sin esperar a serlo para comportarte como tal. En las redes sociales he repetido: "Picasso no esperó a ser Picasso para comportarse como Picasso". No digas que serás rico en veinte o treinta años; ni que debes esperar a ser quien quieres ser para comportarte así. A partir de hoy, y como algo inaplazable, repítete a ti mismo este gran propósito. Para cumplirlo, es esencial cómo nos vemos a nosotros mismos en un futuro y cómo nos comportamos en el presente. Si entonces te visualizas de cierta manera en el futuro cercano o en el mediano plazo, a partir de ahora debes iniciar con los cambios que te conduzcan hacia allá, no "paso a paso", sino de inmediato. Los saltos cuánticos los producen experiencias extraordinarias, personas extraordinarias, libros extraordinarios, viajes extraordinarios; no lo común, que solo mantiene a las personas en la senda del "paso a paso".

Cuando alguien te diga que en la vida se progresa paso a paso, pregúntale: "¿Sabes qué es un salto cuántico?".

Ahí radica una gran diferencia entre una persona con mentalidad de pobre frente a otra persona que desarrolla una mentalidad de rico; la primera aplaza y aplaza las cosas y los cambios, espera sin límite lo que haya que esperar entre el paso 1 y el paso 2, inclusive para dar el primer paso puede tardar una eternidad. La segunda, en cambio, vive en el presente, no da largas y su estado natural de vida es la urgencia; todo debe darse cuanto antes porque no hay tiempo que perder. El rico recuerda siempre una frase mencionada varias veces en este libro: la pobreza es una suma de horas mal utilizadas.

Estas urgencias tienen que ver con un tema que ha salido a relucir varias veces en mi vida, y en la de todos, pues es algo natural y humano: la muerte. La muerte la veo como un concepto muy interesante para redefinir prioridades y progresar de manera más veloz. Piensa en la muerte, en cómo quieres ser recordado cuando dejes de respirar, en qué condiciones quieres que esta te encuentre cuando llegue sin avisar. Cuando tenemos un tiempo ilimitado para hacer las cosas, nos aburguesamos, vamos "ahí", "paso a paso"; pero cuando decimos "nuestros días están contados" o tenemos a nuestro alrededor a tantos amigos y familiares con una enfermedad terminal, por ejemplo, nos confrontamos sobre lo que significa el tiempo que tenemos en este mundo. No podemos seguir con la cultura del "paso a paso" porque el tiempo para vivir no es ilimitado, y cuando tengas conciencia de ello, vas a preocuparte por los saltos cuánticos, por los saltos abruptos, grandes, no por el típico progreso gradual.

En cierta ocasión alguien me preguntó por lo que pasó en mi vida para haber aumentado de manera rápida y notoria mis ingresos. Para responder la pregunta, pensé qué había pasado realmente, y llegué a la conclusión de que para haber dado un salto cuántico en ingresos, debí completar lo que he bautizado como un "triángulo cuántico". En la mitad del triángulo está el propósito de la persona, su "para qué"; en el vértice superior las fortalezas, en el izquierdo los recursos, tiempo y dinero, y en el vértice derecho la motivación Nivel 10. La esencia es muy sencilla: cuando tus fortalezas, lo que haces mejor, se relaciona con tu "para qué"; cuando el tiempo y el dinero lo inviertes en tu "para qué"; y cuando ese "para qué" o propósito de vida es lo que más te motiva, completas el "triángulo cuántico", necesario, repito, para dar *saltos cuánticos*. Miremos sin embargo lo que le ocurre a la mayoría de las personas.

Primero, no tienen claridad de cuál es su "para qué", y que a menudo confunden con algo que simplemente les gusta o hacen bien. Segundo, sus fortalezas no las usan permanentemente; no es por ello extraño que te encuentres con un empleado bancario cuya mayor fortaleza es pintar o con una persona que limpia los vidrios en los pisos altos de un edificio, y cuya fortaleza es escribir. Tercero, al no tener claro su propósito de vida, desperdician los recursos que tienen, su tiempo y dinero, malgastándolos o dedicándolos a causas de terceros. Y por último, tu motivación Nivel 10 es construirle una casa a tu mamá, tener tiempo libre, viajar por el mundo o conseguir mucho dinero, pero estas solo son consecuencias lógicas de un propósito de vida bien desarrollado. Ya ves entonces, estimado lector, la razón por la cual "la mayoría muere como carbón, habiéndolo tenido todo para morir como diamante".

La muerte entonces es una forma de atraer riqueza, en la medida en que al tener un tiempo limitado aumentará la sensación de urgencia y apremio, condiciones necesarias para que nuestro genio aflore y se logren resultados inimaginables. Qué bueno que seamos conscientes de ello para hacer que nuestros cambios en la vida sean mucho más rápidos, más acelerados, y que no le sigamos rindiendo culto al "paso a paso", que fabrica elementos en serie, productos igualitos, vacas blancas, no púrpuras; seres normales, no extraordinarios.

La historia solo recuerda a los extraordinarios, a los obsesivos e intensos. Los normales son rápidamente olvidados; eran muchos.

¿Cómo ser extraordinario? ¿Cómo ser verdaderamente púrpura? Ya hemos dado varias pistas a lo largo de estas páginas. El poder de la intención es invaluable y haber dado el paso inicial de determinar y decretar el cambio para nuestra vida es fundamental. Podríamos decir que la actitud por sí sola no cura el cáncer, pero sí que ayuda a sobrellevarlo de una mejor manera e incluso a superar sus etapas más complejas.

No obstante, a la intención por sí misma, al propósito inmenso que nos motive a buscar mayores riquezas materiales, hay que activarle motores para que se lleve a cabo. En otras palabras, si nuestro propósito amplio y trascedente se cumple, es debido a que contamos con motivaciones tan fuertes que logramos vencer cualquier temor que nos limitaba lograrlo. Hay que vencer esa voz interior que nos frena y que contamina el pensamiento con ideas tóxicas y negativas. A estas motivaciones yo les he puesto un puntaje, y me refiero a ellas como "motivaciones Nivel 10". Una motivación suficientemente fuerte y sólida corta de raíz cualquier temor; lo veremos mediante un ejercicio que tú mismo podrás repetir.

Supongamos que 10 es la calificación más alta que se puede otorgar y 1 la más baja. Nuestras motivaciones deben estar siempre en 10 para que los defectos y temores luzcan pequeños frente a ellas. Tú puedes tener un defecto y un temor que hasta ahora te hayan saboteado. No te preocupes por que existan; ocúpate de encontrar esas motivaciones grandes que los eclipsen, tal y como me ocurrió a mí. Con frecuencia me preguntan si me da miedo hablar de temas de dinero públicamente; suelo decir lo siguiente: pongámosle un puntaje a ese miedo; supón que tienes un 7 de puntaje. Qué me importa que el miedo sea 7 si mi motivación es 10; si ese "para qué" es una llama que no se apaga; un fuego interno que me conduce con pasión, que me compromete con la palabra servir y que hace que esté dispuesto a dejar mi piel en el ruedo con tal de cumplirlo. Podemos seguir teniendo defectos y miedos; pero es necesaria una motivación grande que los confronte, y la que en mi opinión debe ser nuestro propósito de vida.

Tu actitud te ha llevado a descubrir tus talentos, aquellas cualidades que te hacen diferente a los otros y en las que te destacas. Recuerda que todos tenemos talentos, pero que estos hay que cultivarlos todos los días, dedicarles los mayores esfuerzos, regarlos como si fueran plantas; cuidarlos. Invierte tu tiempo y recursos en ellos, en fortalecer las fortalezas como suelo llamarlo. Si uno de mis talentos, si una de mis fortalezas es expresarme bien en público, no me puedo quedar quieto; deberé hacerla más fuerte cada día. Con más lectura conozco más palabras; con más espiritualidad envío un mensaje más trascendente; con más pasión por lo que hablo llego a más corazones; eso hago; no me quedo quieto. Renunciar a crecer en lo que haces mejor es una buena forma de estancarse, y quien se estanca en los tiempos actuales puede tener claro que está retrocediendo. Tu competencia no para, por más que te reinventes y la reduzcas.

Tenemos pues dos ingredientes definidos: actitud y talentos. Pero con ellos caminan los temores y defectos, muchos de ellos propiciados por nuestros entornos. ¿Cómo vencerlos?

Nada me produce más placer en una sesión personalizada que destruir en menos de un minuto el defecto o temor que te impedía progresar.

Hay personas que a la distancia queman; son antorchas prendidas, tienen sangre en los ojos, están llenas de energía, son tiburones que huelen sangre. Hay otras personas que parecen cubos de hielo; bajos de energía, con tantos miedos y defectos que eclipsan sus motivaciones y no las dejan prosperar. Podemos tener miedos, todos los tenemos; podemos tener defectos, todos los tenemos, pero si mis motivaciones, mis razones de vida, mis causas de lucha, están tatuadas en mí con hierro caliente, qué importa que se presenten los miedos y los defectos; a lo mejor les pondré un puntaje de 7 sobre 10 como ya lo explicaba en un ejemplo previo. Las "motivaciones Nivel 10" nos permiten dar saltos cuánticos, no son negociables y desde ya quiero que sean lo más importante en tu vida.

Hallar las motivaciones que son Nivel 10 tiene que ver con empezar a hablar distinto, con rodearse de personas diferentes, empezar a abrazar con palabras ganadoras grandes perspectivas de vida y objetivos que se van a cumplir en un plazo decretado, y no muy largo. Una motivación inmediata puede ser, por ejemplo, algo personal: "salir adelante", "progresar en la vida", "ser alguien", "quiero ser millonario". Eso lo escucho con frecuencia, pero debo decir que todo ello está muy bien, pero sigue siendo muy vago y etéreo. No es algo diferencial en tu vida, pues millones de personas quieren eso mismo. Tus motivaciones deben ser los pilares sobre los cuales tu "para qué" se sostiene y que harán que se convierta en realidad.

Estamos de acuerdo en que tú debes ser diferente para ser rico. Y que para ser diferente has reflexionado a profundidad sobre qué talento especial tienes y que puede explotarse económicamente. Has dado con algo que es tu potencial ganador. En mi caso, me di cuenta de que uno de mis talentos más fuertes es hablar en público, como ya lo señalaba, y enseñarle cosas de educación financiera y crecimiento personal a la gente. Pero eso no es una motivación todavía; hay que convertir el talento en motivación encontrando una meta que le dé sentido al desarrollo de ese talento. "Voy a enseñar a millones de personas a mejorar sus hábitos financieros aprovechando mis habilidades para hablar en público"; esa es una motivación Nivel 10 cuando dedico el ciento por ciento de mi energía, recursos y tiempo a ello. Te preguntarás en este momento por el "para qué". Mi "para qué" es que esas millones de personas alcancen niveles de bienestar económico y felicidad que no habían logrado antes.

Cuando alguien tiene motivaciones Nivel 10 se le nota en la mirada; cuando habla de ellas, ves a esa persona entrar en modo hervir.

Las poquitas cosas que sé hacer bien, las hago todo el día. Nunca, nunca, puedes dejar de hacer lo que haces mejor. Nunca serás verdaderamente tú mientras no te dediques a hacer lo que haces mejor. Es clave que tus fortalezas tengan una íntima relación con tu "para qué" (el vértice superior del triángulo cuántico); que marchen juntos, que se alimenten el uno del otro. A mí me resulta más fácil enseñar e inspirar si hablo como hablo; sé que esa es una fortaleza y esa planta la riego a diario. Esa es otra clave en la que enfatizo para conseguir dinero: aquello en lo que seas fuerte, vuélvelo todos los días más fuerte. Cuando tengamos un propósito de vida concreto, claro, invirtamos en él, dediquémosle tiempo; así le estaremos consagrando nuestras energías a aquello en lo que somos más fuertes, lo que nos apasiona, lo que hacemos bien y sobre todo para lo que vinimos al mundo. Y lo otro, la motivación 10: la motivación Nivel 10 debe ser desarrollar mi "para qué". Un puro triángulo cuántico.

Analicemos un ejemplo real. Una socia de Invertir Mejor me decía: "mi principal motivación es mi hija". "Bueno, no está mal, pero puede ser más específica", le dije. Lo pensó y volvió a enunciarlo: "mi principal motivación es que nada le falte a mi hija, que tenga excelente educación y todo lo que necesita". Mucho mejor, pero falta algo más. Esa es una motivación poderosa: los hijos, la familia. Pero la motivación Nivel 10 no consiste en adquirir o asegurar cosas materiales o condiciones materiales de vida, se trata de crear realidades nuevas y felices para quienes amamos.

En este sentido, aconsejé a esta persona, una madre soltera, empresaria que ha conseguido sacar adelante su propio negocio, formular su visión de otra manera: "lograré que mi hija siempre cuente con la educación y calidad de vida necesarias para que su desarrollo intelectual, emocional y físico sea excelente, de altísimo nivel y para que sea una persona buena". Fíjate en el lenguaje afirmativo: "lograré", y el énfasis en que lo material sea para algo superior, humano y que sirva a los demás. Es un "para qué", un propósito, alto y noble.

"Juan Diego, pero es que siento que no puedo lograr eso así tan fácil", me dijo. Le pregunté por qué creía eso.

Por fortuna y gracias a su empeño, ya tenía condiciones económicas sobre las cuales construir una mayor riqueza, lograr más ingresos. Me manifestó: "Me da miedo". Natural, es un gran reto el que tenía por delante. "No hay que temer", le insistí. "No sé si pueda hacerlo, hoy en día la educación es muy costosa, el mundo es muy peligroso para los niños y yo tengo que trabajar mucho ahora por mis nuevas obligaciones y los negocios que he iniciado; no estoy segura". Vi que su temor estaba ligado a una gran inseguridad.

"¿Cuál es tu mayor temor?", le pregunté. Luego de unos segundos, respondió: "Soy muy insegura y me cuesta trabajo tomar decisiones. Me he arriesgado algunas veces en mi vida, pero sigo siendo muy temerosa de lanzarme al vacío". Ese temor no era menor, sino uno muy arraigado y que podía impedir que su motivación se cumpliera. "Tengo miedo también al fracaso, miedo al qué dirán, a perder dinero, a asumir riesgos, tantos miedos que hay. Como cualquiera otra me da miedo perder dinero sobre todo", repetía esta persona que ya había logrado varios éxitos en su vida. Parecía que este miedo la paralizaba y la cegaba por completo; cuando hablaba de esto, su motivación 10 (su hija) pasaba a un segundo plano; dejaba de vérsele la luz que iluminaba sus ojos cuando mencionaba a su pequeña y de cómo la visualizaba en el futuro.

Como en una balanza, la indecisión pesaba más que la maravillosa intención de hacer de la vida de su hija, una feliz y extraordinaria. Le propuse a esta persona un trato, un cambio que haría anular su temor o, cómo mínimo, verlo distinto. No podría negarse a ello.

"A partir de ahora", le dije, "desde este mismo instante, vas a comprometerte contigo misma a que cualquier decisión dentro del próximo mes, de cualquier tipo, la vas a tomar en un lapso de un minuto, o no volverás a ver a tu hija jamás". Vi el cambio de su expresión de inmediato. Estábamos usando una poderosa herramienta de la que ya hablamos, el lenguaje, para reconfigurar una realidad que ella daba por sentada, la de ser una persona insegura. Es más, la de alguien poseída por la inseguridad e inhabilitada por esta para tomar acción sobre las cosas. Quería que viera la realidad de otra forma y sobre todo que la motivación principal de su vida, su hija, tomara el papel principal, para que el temor y la inseguridad pasaran al último plano de la escena. Ella se limitó a decir: "Claro que tomaría decisiones con más determinación y rapidez con tal de volver a ver a mi hija". Y yo le dije: "¿Y qué pasó con tu indecisión?". Guardó silencio y me miró fijamente. El defecto se había ido porque había llegado una urgencia: ver de nuevo a su pequeña.

En otra ocasión alguien me manifestó: "Juan Diego, le temo a las alturas". "No te creo; si tu hija te llamara desde un piso alto para que la socorras, de un edificio que se incendia, ¿subirías por ella?". "¡Claro que sí!". "¿Y tu miedo a las alturas en dónde quedó?". "Pero es que se trata de mi hija, Juan Diego...".

Un ejemplo más: "Tengo muy mala memoria; todo se me olvida". "No te creo; si una hermosa mujer, la que por cierto te encanta, te da su número telefónico para que la llames el próximo viernes, ¿lo olvidas?". "No, por supuesto que no". "¿Y dónde quedó tu mala memoria?". "Pero es que se trata de una mujer que me encanta, Juan Diego".

Podría seguir con una lista interminable de ejemplos, pero la moraleja o enseñanza se repite: no importa el miedo o defecto que tengas; lo que importa es que tengas una motivación Nivel 10 para superarlos, para eclipsarlos, para que ni importen.

Cualquier desprevenido me podría decir: "Juan Diego, pero es que en los tres ejemplos que pusiste la persona debía escoger entre su defecto y algo urgente o entre su miedo y algo urgente, y por ello no tenían alternativa; debían actuar sí o sí porque no volvería a ver a su hija en el primer caso, o moriría bajo el fuego en el segundo, o perdería a la mujer que le gustaba, en el tercero de los casos". Yo pregunto: ¿y es que acaso hay algo más urgente que nuestro "para qué"? Nada, desde mi punto de vista. O de lo contrario, ¿a qué vinimos a este mundo? Cumplir con nuestro propósito de vida es tan urgente, que no hay tiempo siquiera para pensar o considerar de manera seria los defectos o miedos que intenten sabotearlo. Así de simple.

Repite por tu cuenta este ejercicio: haz un listado de motivaciones que sustenten la razón por la cual viniste a este mundo o lo que hemos llamado el "para qué". Si no lo tienes claro en este punto, no te alarmes, vuelve a pensar en tus talentos innatos y en lo que te apasiona realizar. Junto a las motivaciones, piensa en cuáles son los temores que te detienen en tu vida. No tiene que haber un temor relacionado a cada motivación, pueden ser generales, estos son aún más desafiantes para erradicar.

Para qué vine al mundo: la razón de mi existencia y para la cual quiero ser rico		
Talentos Aquello que me hace púrpura	Motivaciones 10 Aquello por lo cual lucho cada día	Temores Aquello que me frena y debo extirpar de mi vida

Supongamos que el próximo mes surge una oportunidad de invertir en un negocio. Existe la posibilidad de perder o ganar, por supuesto. Pero si junto a esta oportunidad situamos nuestra motivación Nivel 10, nos veremos obligados a ganar. Perder deja de ser una opción siempre y cuando la motivación sea mucho más fuerte. Haremos todo lo que esté al alcance para ganar, y ganaremos, pues la mera posibilidad de no alcanzar la motivación Nivel 10 debe ser el motor para dejar de lado todo miedo. Por ejemplo: "de no invertir en este negocio, no volverás a ver al ser más querido de tu entorno". Ponte tus metas en estos términos: si no me arriesgo, no voy a tener jamás la casa que merezco; si no me lanzo al ruedo ahora, quizá me vea obligado a depender de una pensión. Recuerda, tú mereces y puedes ser rico. Pero para presionarte a alcanzar esa meta, no puedes aplazar tus motivaciones y dejarte ganar por el temor.

**"Juan Diego, le temo al riesgo, a la volatilidad, a lo que no es seguro".
Yo le temo a las autopistas rectas, porque es cuando más te duermes.**

Puedes tener los defectos que quieras, puedes tener los miedos que quieras, multiplícalos por cien si así lo deseas, pero de lo que debes ocuparte es de tener una motivación tan brutalmente fuerte que el defecto y el miedo se agachen y se escondan debajo de la mesa cuando vean que la motivación aparece. Yo tenía temor a caminar sobre el fuego, literalmente hablando. Y lo hice. ¿Qué me podía pasar? Quemarme. Pero, ¿cuál era la motivación? Cuando llegara al otro lado, después de caminar sobre el fuego, sobre carbones a 800°C, con alcohol industrial de por medio que hacía que la llama fuera más grande, me iba a sentir como Superman, capaz de comerme el mundo. Si el botín es grande, el defecto y el miedo no existen. Así lo hice. Mi mente fue superior al temor, a las condiciones físicas, al cansancio; mi determinación y voluntad me hicieron olvidarme del dolor, de las posibles llagas que tendría; esta es una muestra del poder de la mente y de que podemos alcanzar lo que queramos.

El futuro es incierto, sí, eso lo sabemos todos. ¿Pero cómo puedo actuar en el presente para que ese futuro sea mejor? Venciendo los temores que me amarran y limitan. Ponerse en riesgo, o como lo digo en mis conferencias, "crearse urgencias", te obligará a luchar por tus motivaciones y por tus metas, te dará un sentido trascendente a tus acciones y llamará la abundancia a tu vida.

Solo los grandes actores llegaron a serlo cuando dieron un paso al frente y se arriesgaron a hacer cosas de una manera diferente al resto de las personas. Solo cuando se pusieron frente al reflector principal que los destacó de los demás en el escenario, dieron un paso fuera de la comodidad del grupo y del anonimato. Da el paso que consideres necesario dar para destacarte. No dejes que las vacas blancas te detengan en tu casa, entre tus amigos, entre tus colegas. "Ven, quédate acá, para qué te arriesgas", te van a decir. "Loco", te dirán. Pero hazlo, ser rico implica ver la oportunidad antes de que otros la vean, salir del rebaño y vencer los temores de la única manera posible: enfrentándolos y poniéndoles un gran competidor al lado: una motivación Nivel 10.

Tu motivación Nivel 10 no es "salvar a la humanidad o salvar al mundo", es "salvar a la humanidad que padece de cáncer en los hospitales de mi ciudad", por ejemplo; es algo más concreto y focalizado. El primer paso para algo más grande, a lo cual seguirá algo más y más grande. Debes pensar en grande, sin temor de fracasar, sin sabotearte a ti mismo. Créate cada día nuevas urgencias, nuevas prioridades. ¿Ya ayudaste a alguien? Bueno, ayuda a más gente ahora. ¿No es suficiente? Entonces amplía el efecto de tu acción a más y más personas y no te pongas límites.

Estos son los verdaderos *saltos cuánticos*. Voy a darte cinco sugerencias, a manera de resumen, que me han servido a mí para darlos y encontrar mi "para qué". Primera: encontrar un propósito de vida que esté relacionado con mis fortalezas y lo que más me distingue de los demás. Esa cualidad o cualidades extraordinarias que me hacen único. Segunda: que la motivación por desarrollar ese propósito de vida despierte en mí un apetito tal, que vea la llegada de un lunes con la misma alegría con la que veo la llegada de un viernes. Tercera: leer mucho. Si no leemos no se nos ocurre nada; lee libros, revistas, artículos, material en Internet, pero nutre tu imaginación y tus ideas. Cuarta: vuélvete más espiritual. ¿Qué significa eso? Si tú, por ejemplo, puedes vincularte a una buena causa o a patrocinar, por mencionar varios ejemplos, la reinserción de niños de la calle o ayudar en un hospital geriátrico, o puedes participar en un grupo de oración, de meditación, eso es mágico. Cuando adquieres una nueva dimensión espiritual, cuando ves a las personas de manera diferente, cuando en vez de juzgarlas dice "esa persona debe tener algo bueno", atraes una cantidad infinita de cosas positivas a tu vida. Y la quinta sugerencia, y no menos importante por ser la última, es la siguiente: necesitamos más urgencias en nuestra vida; cada cual verá si se va de la casa, si renuncia a su empleo, si viaja sin un solo dólar en el bolsillo o si se sobregira y gasta más en un mes de lo que ingresa. Hay personas a las que les he dicho en las sesiones: lo necesito ver sobregirado, y me miran como traspasándome el cerebro: "Sí, claro", están en una zona de confort en la que nadie se hace grande, como ya lo mencioné; cuando todo está absolutamente medido y limitado, la vida es mediocre y pobre. Nunca sabrás de qué estás hecho. A veces gastar más de lo que recibimos en un mes es la manera perfecta para tomar consciencia sobre los mayores ingresos que necesitamos para pagar esos gastos.

No sigas postergando los lujos que te mereces. Nadie te ha prometido el día de mañana.

Ahora bien, ¿tienes mucho dinero y perdiste la ambición? Dónalo. Tocado por el altruismo y partiendo con poco capital volverás a desarrollar el hambre que necesitas. El día que llegue el conformismo a tu vida, el día que llegue la zona de confort a tu vida, habrá llegado la pobreza. El conformismo es una vaca muerta en la mitad de la vida, un cadáver insepulto y maloliente. Debemos tener un propósito púrpura en la vida; propósitos normales tiene la mayoría y no queremos ser como la mayoría. Uno no puede estar en la minoría haciendo lo que hace la mayoría. Propósitos grandes, nobles, irreverentes, porque solo tenemos esta vida para disfrutar y qué pesar que nos llegue la muerte sin pasar por la vida como debe ser. No hay nada más rentable que ser felices, a eso vinimos a este mundo, en lo que hagamos, ser felices.

Sé, porque lo he visto, que todos tenemos un "gen púrpura" que distingue al que tiene determinación, solo hay que dejarlo actuar. Uno debe tener un fuego interior, debe tener motivación para hacer las cosas. Todos tenemos un gen de emprendedor. A unos, la vida por obligación nos ha llevado a desarrollarlo y otros se mueren con él virgen, en virtud de que un empleo mal remunerado y que no disfrutaban los absorbió para siempre. Nada de que hay emprendedores, nada de que hay empleados, simplemente hay personas con un propósito de idea claro y otras que no lo tienen, esa es la diferencia. Hay gente que prefiere el "paso a paso", la comodidad, pero yo quiero que tú des a partir de ahora en adelante saltos cuánticos y vivas en la constante urgencia de generar nuevos ingresos.

4

VOLVERSE VIRAL: SER RICO CON LAS REDES SOCIALES

No tiene sentido alguno que en nuestros días, esa computadora o ese teléfono, que tienes en tu hogar u oficina sea el adorno más costoso y subutilizado de todos. Esos aparatos, que como otros revolucionaron la vida de millones de personas en todo el mundo, en especial a partir de la última década del siglo XX y en la primera del siglo XXI, deben ser aprovechados al máximo para generar riqueza y libertad financiera.

La tecnología debe trabajar para los humanos y esto es válido también para la búsqueda de nuevas fuentes de ingresos. Si tienes un salario fijo en este momento y te sientes conforme con ello, jamás serás verdaderamente rico, por alto que ese salario sea. Recuerda que partimos del hecho de que siempre es posible lograr más de lo que ya se tiene. Es imperativo, como lo iremos explicando, generar ingresos pasivos, ingresos que no requieran de tu presencia física, y que puedes lograr incluso mientras duermes, para vivir la vida que quieres y no depender de un salario. Pregúntate, ¿cuántos ingresos diferentes a ese salario tienes al mes? Cuando no hay ingresos pasivos es porque no se está apalancando lo suficientemente bien y una de las razones para que esto ocurra es porque todavía tu negocio e ideas no están en Internet.

Tu computadora personal, tu teléfono, deben ser entonces herramientas esenciales para generar ingresos pasivos. Súmale además las opciones que están brindando los dispositivos móviles, como tabletas, iPads, para tener acceso a más fuentes de información y manejar diferentes transacciones y negocios, gracias a los planes de datos que conectan a Internet y desde cualquier lugar a estos aparatos.

Tu ingenio emprendedor, tu voluntad de ser rico, tu determinación de cambiar hábitos financieros y de construir una calidad de vida diferente a la actual, encuentran un aliado sin igual en Internet. Esta revolucionó la vida de las personas, así como el surgimiento de las redes sociales, llámense Facebook, Twitter, Instagram, por citar algunas. De ellas hablaremos en detalle y, sobre todo, de la forma como las podemos utilizar para ayudar, servir y generar ingresos a granel, auténticos *saltos cuánticos*.

La tecnología digital y las redes sociales bien capitalizadas te permitirán mantener un flujo de ingresos constantes, incluso mientras duermes, como ya lo mencionaba, y así alcanzar con menores esfuerzos mayores resultados, la verdadera esencia del apalancamiento.

Ya hemos hablado de lo esencial que resulta descubrir aquellos talentos únicos que te diferencien de los demás y así comenzar a cultivar un camino hacia la prosperidad económica. Sin embargo, de nada sirve tener talentos si nadie los conoce, si no los publicitas. Para ello, las redes sociales son el factor multiplicador porque, aunque no lo creas, hay miles de personas allá afuera que están necesitando lo que produces, vendes, distribuyes, piensas o, incluso, lo que has vivido y experimentado y deseas compartir. Cuando entiendas qué necesita la gente, por qué claman las personas, proporcionarás mejores productos y con una mayor rentabilidad. El mundo está ávido de saber lo que hacemos para dar satisfacción a sus necesidades; desde cómo hacer espaguetis, hasta cómo superar la pérdida de un ser querido, entrenar una mascota, cambiar el aceite de un carro o bailar tango. Hay miles de posibilidades que tenemos para llegar a millones de personas.

Imagínate a alguien trabajando para ti las 24 horas, haciéndote ganar dinero y sin cobrarte. ¿Quién? Tus videos en YouTube ¿Cuántos tienes?

Pero volvamos a una pregunta clave: ¿qué quiere decir "generar ingresos pasivos", exactamente? Implica descubrir y explotar las formas que en la actualidad tenemos al alcance para no depender de un salario fijo, si lo tenemos, o de los ingresos provenientes de una sola actividad central. En esencia, "un ingreso pasivo o ingreso residual, como también se le conoce, es un ingreso que entra con regularidad a nuestros bolsillos, por un esfuerzo que se hizo una o pocas veces, pero que alcanza para seguir generando ingresos por un buen tiempo". Ejemplos: Cuando pongo un video en YouTube, hago un esfuerzo único, pero sigue generando ingresos mientras esté en YouTube y Google me pague; cuando escribo un libro, hay regalías; cuando compro una casa y la alquilo, el arrendamiento es un ingreso pasivo. Suficiente ilustración. Desde ya, sugiero cultivar una vocación por no depender de un salario. El salario es prestado; hoy está pero mañana quizás no. Cuando alguien me dice que gana 100 mil dólares mensuales de salario, y que por ende sus finanzas van muy bien, le digo: "¿Y tienes más ingresos distintos a esos 100 mil, que te sigan llegando aunque dejes de trabajar?" Es común ver la cara de sorpresa. A mí un salario alto no me impresiona, pues no siempre depende de ti seguirlo obteniendo; depende también de la voluntad de quien te contrató y de los vaivenes del mercado. Por alto que sea, bien se trate del de un prestigioso ejecutivo o un gerente o un empleado operativo, el salario es algo que te dan por tu trabajo, por cumplir un horario, por responder por unas metas, por ausentarte de tu familia, por tener mil reuniones a la semana, por "vivir en un avión", pero los beneficios principales no serán para ti, sino para quien te paga. El progreso financiero, desde mi punto de vista, no se da en virtud del alto salario que puedas llegar a tener, sino de los ingresos pasivos que generes. Olvídate del salario, de la quincena, para progresar financieramente. Y recuerda: no es fortuito que en el diccionario "empleado" sea sinónimo de usado, como tantas veces lo vemos en la práctica.

Puedes pensar que naciste para ser empleado. Pero, por experiencia, te digo que la vida te pone a emprender y ya no quieres volver atrás.

Hay gente que se dedica a trabajar en actividades que cada vez tienen menos demanda, por lo que resulta útil pensar: ¿eso que yo estoy haciendo tendrá cada vez más compradores, más interesados? ¿Lo requerirán más las personas? O ¿tendrá menos demanda y me voy a convertir como los discos de vinilo o las películas fotográficas en algo obsoleto? ¿Será muy inteligente trabajar muchos años, arduamente, solo para aspirar a que en el futuro te paguen menos de lo que hoy te pagan por tu condición de empleado? Para mí eso no es muy inteligente, repito, es más inteligente que con lo que a ti te paguen como salario vayas construyendo activos que generen ingresos y que hagan que en el futuro la pensión sea un plus, un complemento, no aquella quimera en la cual pongas todas tus expectativas de calidad de vida. Qué triste oír gente desde muy joven diciendo "cuando me pensione" y que a continuación enumera una lista de sueños. No obstante, aún estamos en la cultura de la pensión, una persona con educación financiera no debe preocuparse por su pensión, debe preocuparse por construir activos que generen ingresos. La mayoría de las personas no va a poder pensionarse y, si se pensiona, lo hará con un ingreso claramente inferior que aquel que disfrutaba en su época laboral.

Con lo anterior no quiero decir que debas renunciar a tu trabajo, si lo tienes y lo disfrutas, pero sí que tengas claro que no debes permanecer allí para siempre a la espera de pensionarte. La idea de renunciar a la seguridad le produce miedo a la mayoría de las personas —les genera angustia el solo hecho de pensarlo—, pero el precio de la seguridad es nunca ser rico. La incertidumbre sobre el futuro, para quien no tiene educación financiera, termina por devorar sus sueños y metas; la realidad del día a día, de los pagos y las deudas, hacen que el "para qué" pase al último plano. Pero tu determinación debe ser tan fuerte y tu motivación tan sólida, motivación Nivel 10, que no debe haber miedo alguno que te haga detenerte, ni siquiera aquel de "tirar la vaca por el precipicio", renunciando a un empleo. Vimos en el capítulo anterior de qué manera un miedo puede ser derrotado gracias a una motivación tan fuerte que nos lleva a hacer y alcanzar lo que antes parecía un sueño, una ilusión, una locura. El verdadero riesgo de no renunciar es permanecer hasta la muerte anclado en un empleo que no te permita vibrar ni desarrollar tus mayores fortalezas.

> **La libertad financiera no se logra cuando tienes un buen salario; sino cuando te das la vida que quieres, sin depender del salario.**

Recuerdo a una pareja que asistió a uno de los desayunos que organizamos para algunos asistentes a una conferencia y cuyo testimonio evidenciaba el temor a dejar lo seguro.

Eran un hombre y una mujer, profesionales, de aproximadamente 45 años de edad y con dos hijos. Relataron que en algún momento de sus vidas ambos estuvieron empleados en empresas importantes, desempeñando cargos por los que recibían cada uno remuneraciones altas. Esta comodidad económica los motivó a contraer deudas, nada fuera de lo promedio de muchas personas; compraron un departamento para ellos y sus dos hijos y un automóvil que iban pagando mes a mes. Adicionalmente, tenían entre sus gastos fijos la educación de sus hijos en colegios de gran reputación, con matrículas costosas, el mantenimiento cotidiano del hogar y de vez en cuando salir de vacaciones a alguna playa del país para romper con la rutina agobiante de la ciudad.

Todo parecía en orden hasta que llegaron los rumores de reorganización en la empresa donde trabajaba el esposo, que a la postre se volvieron realidad, y fue despedido. Eso sí, con una indemnización que le permitió "mantenerse a flote mientras salía algo nuevo". Pasaba el tiempo y la situación se mantenía estable, pero el dinero iba disminuyendo y el ingreso de su esposa, si bien alcanzaba para cubrir las deudas, no era suficiente para sostener rubros como la educación de los hijos, la cual era lo más preciado para la familia en ese momento. Fue necesario asumir nuevas deudas con bancos.

Por otra parte, a pesar de haberse presentado a entrevistas de trabajo, el hombre no había encontrado aún un nuevo empleo y estaba en la lista de espera en algunas empresas. La realidad es que por su edad ya no era el candidato "ideal" que buscaban. Poco a poco la angustia fue haciéndose más grande en el hogar, y llegó a un límite cuando también a la esposa le dijeron que no trabajaría más en la empresa para la cual prestaba sus servicios. La situación había pasado a ser crítica y comenzaba a convertirse en desesperación.

El infierno no es un lugar, solo es sobrevivir haciendo algo que odias mientras otros se hacen ricos haciendo algo que aman.

La alternativa fue crear su propio negocio. Una decisión valiente, fruto de un momento extremo en sus vidas. Necesitaron llegar a estar "contra las cuerdas", con "el agua hasta el cuello" para darse cuenta de que sus salarios eran prestados y que en cualquier momento podían dejar de recibirlos. Incluso, al tomar la decisión fueron más osados, ya que incursionaron en un negocio en el cual no tenían experiencia previa: los bienes raíces.

Apalancados en una página web que crearon, usando redes de contactos y aprovechando la tecnología, han logrado retomar su ritmo de vida, y gracias a su determinación, alcanzar ingresos incluso más altos que los que tenían antes entre los dos. Sus salarios aparentemente les abrían posibilidades, y con seguridad así fue al inicio, pero, luego y sin darse cuenta, les imponían límites: las fronteras de una zona de la que hemos hablado, la zona de confort, dentro de la cual creían que lo tenían todo asegurado.

A lo largo de mi experiencia he logrado determinar algunas "recetas" para construir esos ingresos pasivos de los cuales hablamos y apalancarse en las redes sociales y YouTube para aumentarlos. La primera receta tiene que ver con una actividad principal que te genere flujo de caja; me explico: así como decimos que es muy importante que una empresa petrolera encuentre más petróleo, que un banco preste más dinero o que una cementera produzca más cemento y lo venda, es vital para una persona que su actividad principal, aquello a lo que se dedica, aquello en lo que es fuerte, le produzca suficientes ingresos mensuales para poder ahorrar o hacer inversiones de manera constante.

Es frecuente que se diga que de tu salario o de tu ingreso fijo debes ahorrar entre el 10 o 20 por ciento. Por lo general, quienes escuchan esta recomendación dejan el ahorro para el final del mes, cuando ven si de pronto quedó algo. Si tú te encuentras ahora en una situación en la que tienes un salario fijo, mi recomendación es que ahorres al comienzo del mes, tan pronto recibas tu pago, y no al final, cuando ya quizás no quede nada. Por supuesto, lo más recomendable es que ese dinero te dé alguna rentabilidad desde el momento en que lo destinas al ahorro. No esperes al final de mes para ahorrar, cuando veas lo que te quedó, si es que algo quedó, reitero. De cada pago mensual ve invirtiendo una parte en activos que generen ingresos. Imagina que esos recursos que invertiste ya no existen, y con base en lo que queda, planea tus gastos.

¿Qué puede ocurrir? Que te des cuenta de que esa porción que no ahorraste y que vas a destinar a tus gastos ordinarios sea insuficiente y no te alcance. ¡Qué bueno! Empezarás a sentir la urgencia de generar otras fuentes de ingresos. Una excelente noticia para una vaca púrpura, que se crece ante la presión y que está dispuesta a ir en la búsqueda de más ingresos pasivos que paguen los gastos en los que incurriste. Y lo mejor: el dinero que ahorraste o invertiste al principio irá haciendo crecer tu capital. Hay que apuntar a que los ingresos pasivos paguen los gastos mensuales que me aseguren la calidad de vida que quiero, no los necesarios para sobrevivir; recuerda muy bien esta máxima. Y no olvides que la falta de ahorro también se presenta por no incursionar en alternativas distintas a las tradicionales, bien por los miedos que te paralizan, por desconocimiento o por aún estar perdiendo el tiempo cuando trabajas en algo distinto a tu "para qué".

Una segunda receta para generar ingresos pasivos tiene que ver, precisamente, con el análisis que hagas cuando detectes que tus ingresos fijos no son suficientes. Supongamos que hay un dinero que llega de manera regular, como un salario. Luego de hacer tu ahorro o inversión fija, la siguiente pregunta que debes formularte es: ¿cuánto dinero llega al mes sin que nosotros directamente lo produzcamos?, o, en otras palabras, ¿nos llegan recursos al mes distintos al salario? ¿Nos llega dinero por dividendos, bonos, intereses, arrendamientos, comisiones o regalías?, ¿tenemos un departamento o una propiedad que nos produce una renta? ¿Nos llega dinero porque somos socios capitalistas de un restaurante y periódicamente nos reparten utilidades?, o ¿definitivamente no nos llega nada de eso? Si no tienes ingresos pasivos, si no tienes ingresos distintos a tu salario, entonces el día que te enfermes o sufras algún tipo de incapacidad que te impida seguir trabajando, no tendrás más ingresos. Se detendrá el flujo de manera abrupta y no tendrás alternativas. Comienza a sembrar y a cultivar las fuentes de ingresos pasivos. Pensarás: "no tengo suficiente dinero, apenas logro conseguir lo que requiero mes a mes para cumplir mis compromisos, no puedo destinar nada a otras inversiones". Ante esto, debo reafirmar que si tienes una motivación Nivel 10, un "para qué" sólido y trascendente, esto no debe ser una limitante. Quizás en este momento no tengas el dinero para empezar a comprar activos, bonos, acciones o propiedades, no importa; dice un viejo adagio que "el agua, aunque blanda, con el tiempo moldea la piedra", así que no subestimes el capital, por pequeño que sea, porque con un propósito claro irás incrementando tu tenencia de activos que te permitan generar ingresos pasivos, y llegarás a ver que el dinero trabaje para ti, que el dinero te reemplace a ti, porque a lo mejor no querrás trabajar siempre al mismo ritmo en que lo haces hoy. No te preocupes por la falta de dinero; ocúpate por tener ideas que lo produzcan. Ten un capital sin ideas y el capital se desvanecerá; pero ten ideas sin capital y el capital llegará. Puedo dar fe de ello. Invertir Mejor nació con los recursos de poner una idea en práctica: un seminario de inversiones por Internet cuando la mayoría no tenía siquiera una computadora en la casa y cuando Internet apenas despegaba en la región. Fue un éxito. Y de allí empezaron a salir los recursos que dieron nacimiento a mi empresa en una época en la que ganaba menos de mil dólares al mes. Consciente de los bajos ingresos en América Latina, he puesto en nuestro canal de YouTube, Invertir Mejor Online, una serie de videos sobre cómo tener ideas de negocios, cómo progresar si tengo un salario bajo, cómo invertir sin dinero suficiente, cómo olvidarse del salario, y numerosos videos sobre ingresos pasivos que invito a ver y a poner en práctica.

Las ideas son el nuevo nombre del dinero en el siglo XXI.

Una tercera receta tiene que estar ligada con hacer uso de una manera más eficiente de los gastos. Hay deudas buenas y hay deudas malas, hay gastos buenos y hay gastos malos; uno no debe reducir todos los gastos que tiene en el mes. Hay gente especialista en reducir gastos, pero muy limitados para producir ingresos. Los gastos deben generar ingresos; por ejemplo, los gastos en tecnología y en educación no se deben reducir. Si yo reduzco el acceso a la tecnología y reduzco mis conocimientos, se reducirán mis ingresos, entonces aquello no fue un gasto que se redujo, sino un costo en el cual se incurrió. Cualquier *coach* de finanzas dice: aumenta los ingresos, baja los gastos, o sea, sobrevive. No comparto esa idea. Hay ocasiones en las que gastar más nos lleva a descubrir nuevos ingresos. No estoy hablando del gasto irresponsable, ni de pagar a 36 mensualidades con la tarjeta de crédito porque "así no se siente", nada de eso; estoy hablando de enviarme mensajes de abundancia, estoy hablando de decirle al futuro "eso que gasto hoy en lo que me gusta, en lo que quiero, lo pagaré con mis ingresos, no tengo duda de ello. Y como ese gasto me gustó, generaré más ingresos que lo sigan pagando". Se me tienen que ocurrir nuevas ideas de negocios que lo paguen. Vamos a explicarlo con un ejemplo.

¿Por qué es más rentable viajar en primera clase que en clase económica? ¿Qué mensaje me estoy enviando al viajar en primera clase? Primero, como seguramente será más placentero que viajar en clase económica y posiblemente te guste la comodidad de la que disfrutaste, el mensaje sería: "Esto es lo que me merezco, lo que merece mi familia y la gente que quiero". Por lo tanto, si deseo mantener este nivel de comodidad y lo pude pagar una vez haciendo un esfuerzo, necesito concretar ideas de negocios para seguir pagándolo. Eso es mentalidad de rico. En cambio, si no asumes el riesgo de ir por lo que te mereces y permaneces en la zona de confort, en la que no es indispensable generar nuevas ideas para obtener nuevos y mayores ingresos, seguirás siendo pobre. Segundo, si pago más por viajar en clase ejecutiva, estoy confiando en que el futuro será mejor incluso que el presente, y que en consecuencia, tendré los ingresos necesarios para cumplir con el gasto que hoy llevo a cabo. Cosa distinta ocurre cuando viajo en la fila 30 del avión, al lado del baño, limitado por un vecino de adelante que al recostarse hacia atrás me deja aprisionado como en una lata de sardinas; ¿y por qué viajo ahí?, porque como quizás el futuro es gris o poco alentador, pues es mejor no incurrir en gastos. ¿Te suena esto, amable lector? Aprisionado como en una lata de sardinas, con N personas a mi alrededor que lo tienen todo para ir en primera clase: salud, capacidades, urgencias a la vista, hijos por sacar adelante, pero llenos de miedo para vivir la vida que se merecen dizque porque el futuro es incierto, dizque porque con lo que pago en clase económica me alcanza para pagar colegios y dizque porque finalmente todos vamos en el mismo avión. Mentira. Esa es la manera en que la mentalidad de pobre atrapa a la mayoría. La mentalidad de rico escoge las dos cosas, no una sola. ¿Colegios, o primera clase? ¡Las dos cosas!

Recuerda: si en algunas ocasiones incrementas tu gasto y te pones contra las cuerdas, la urgencia hará que brote el genio que todos llevamos adentro. Hay personas que consideran que no les falta nada, pero a las que tampoco les sobra nada y creen que así está bien, que así es la vida. Son, en mi opinión, personas conformistas que están dejando pasar la oportunidad que todos tenemos de obtener más recursos, ganar más dinero y disfrutar de una mejor calidad de vida.

¿Cuál es entonces la invitación? *No es rendirle culto a un gasto irresponsable.* Aquí hablo de un gasto que me presione, que me exija, que me obligue a crear activos, a buscar negocios que paguen esos gastos; gastos que me hagan feliz, que aumenten mis posibilidades de progreso rápido, que me den mayores alternativas de elección, que me llenen de información útil, de experiencias; gastos que me hagan sentir que estoy viviendo y no sobreviviendo. Si tú estás en una zona de confort quizá necesitas gastar más de lo que ingresas en un mes y llegar así a un sobregiro, para que se estimule tu genio creativo.

La cuarta receta para aumentar ingresos pasivos es hacer que la tecnología entre a cumplir un papel protagónico. Lo primero que te recomendaría es que si ya descubriste cuál es tu talento y dónde está la demanda en el público por lo que ofreces, si ya has decidido iniciar tu propio negocio, ¿contemplaste crear una tienda en línea, por ejemplo? ¿Analizaste ya cómo aprovechar los medios digitales y las redes sociales para multiplicarte? Recuerda que quieres incrementar tus ingresos exponencialmente, quieres dar saltos cuánticos, no ir "paso a paso"; tú quieres viajar en primera clase de ahora en adelante. Para lograrlo deberás generar ingresos con los negocios que tienes, pero considera que la cantidad de negocios y ventas se multiplican si tú y tu negocio "se clonan" gracias a la tecnología. Ya no habrá una fuente de ingresos, sino varias trabajando veinticuatro horas al día y que requieren de una mínima inversión comparada con los resultados que pueden obtener. Si no has conseguido muchas cosas que quieres en la vida, tienes que ponerte a hacer cosas que no has hecho antes, pues haciendo siempre lo mismo no puedes esperar resultados diferentes. ¿En qué momento te darás cuenta de que tus finanzas están progresando? Cuando los ingresos pasivos paguen la calidad de vida que quieres tener. O, si lo quieres ver de otra forma, cuando puedas cubrir durante varios meses tus gastos fijos sin trabajar, solo apalancado en tus ingresos pasivos; entonces ahí sí podrás decir que progresaste financieramente.

Es claro en este punto que solo generando ingresos pasivos lograrás el progreso financiero y que un camino necesario para crearlos es el uso de la tecnología, Internet y las redes sociales. Tener un canal en YouTube que brinde contenido útil (en www.invertirmejor.com y www.ganardineroconvideos.com te decimos cómo tenerlo); poner videos con regularidad, con nombres sugestivos y con alto componente emocional; crear cuentas en las principales redes sociales, atender las necesidades de las personas, interactuar con seguidores y ser constante en el envío de mensajes son prácticas indispensables. Si tienes tu propio sitio web, mucho mejor. Es un sello de distinción e identidad; tu propia marca. "¿Para qué un sitio web, Juan Diego, si no tengo un producto que promocionar?", te estarás preguntando. Recuerda: tú eres un producto.

Viajar en primera clase no te hace ni más ni menos que los demás. Solo te envías mensajes de abundancia.

Una excusa para no hacer ese tipo de cosas, es decir (y convencerse) que no se cuenta con el tiempo o el dinero para hacerlo. Puras excusas. Hablamos de inversiones que se hacen sin dinero, e incluso le dedico videos a ese tema en nuestro canal de YouTube Invertir Mejor Online. Cuando la excusa llega, la pobreza aparece. Y otro gran pretexto con el que me encuentro con mucha frecuencia es el terror que producen las redes sociales e incluso la posibilidad de usar la computadora e Internet para algo diferente a jugar, apostar, desahogarse o revisar correos electrónicos. Si las redes sociales y YouTube son las herramientas más potentes de nuestros tiempos, tenemos que apalancarnos en ellas para generar ingresos pasivos. Si montas tu propio negocio, pero esto implica que pasas mucho tiempo detrás de un mostrador, no es rentable, mientras que si lo tienes en redes sociales, donde millones de personas están viendo lo que haces, es diferente. Es más, muchos locales comerciales, donde se promocionaban y vendían productos de distinta índole ya han migrado a las redes sociales. Allí se exhiben y venden, sin costo alguno.

Repito siempre que la ignorancia subestima lo que no logra explicar, y eso ocurre cuando hablamos de tecnología aplicada en los negocios y en la construcción de riqueza para alcanzar la libertad financiera. Hoy en día no se trata de qué tan duro trabajes tú, sino qué tan duro trabajan el dinero y la tecnología por ti. La computadora y los teléfonos tienen que ser unos activos que generen ingresos y las redes sociales los canales principales a través de los cuales nos encuentren quienes están dispuestos a comprarnos los bienes o servicios que ofrezcamos. Además, a medida en que más personas accedan a un dispositivo móvil, más serán también las que usen las redes sociales, y la tendencia es irreversible.

No es, por tanto, un secreto que las redes sociales están produciendo infinidad de negocios, están aumentando las relaciones y la socialización, están cambiando los hábitos de vida. En el momento de escribir este libro, 5 de cada 10 jóvenes entre 25 y 34 años usan las redes sociales en su trabajo; 5 de cada 10 personas usan las redes mientras ven televisión; 1 de cada 3 jóvenes entre 18 y 24 años usan redes sociales mientras están en el baño. No es para sorprenderse solamente, es para aprovechar esa gran oportunidad de mercado y de nuevos patrones de consumo, que guían mundialmente las relaciones de negocios hoy en día. Las industrias tradicionales se han tenido que acoplar a este cambio y las que no, sucumben rápidamente. Un ejemplo fue la industria de los juguetes, que tuvo que innovar, desplazada por la oferta enorme que encontraron los consumidores en los videojuegos y las aplicaciones. En un dispositivo podían tener cientos de juegos disponibles desde cualquier lugar, ya no dependían de un tablero que ofrecía un solo entretenimiento. Ni qué decir de la industria de la música, el cine o de la información que ha tenido que mutar a lo digital, reinventarse y pelear con fuerza contra ofertas gratuitas y la piratería.

Si miramos el mercado de valores e inversiones, este sí que ha cambiado. Antes solo algunas personas podían participar en él y eran intermediarios. La imagen del inversionista tradicional que estaba en medio de una agitación frenética en la bolsa de valores, comprando y vendiendo, es una postal de las películas de Wall Street. Hoy en día y gracias a la interconectividad y a Internet, los mercados se han abierto más, han cambiado, se han masificado las oportunidades que se desprenden de ellos. Desde mi propia casa, como lo he demostrado infinidad de veces en mis seminarios presenciales y en línea de inversiones por Internet para no expertos, tú puedes comprar acciones, divisas, bienes básicos o commodities, con cuentas que se abren con poco dinero, en plataformas que funcionan en español, con gran soporte técnico y con la opción de practicar primero en cuentas de prueba.

Escucho a personas que dicen que no quieren usar las redes sociales porque según ellos no les ven nada útil, solo cosas que los desmotivan como difamaciones, insultos o habladurías que no les interesan. Es cierto parcialmente, hay mucho de eso, pero al mismo tiempo la cantidad de personas y empresas que están allí es inmensa y debe servir de base para ofrecer mensajes que justamente se distancien de la gran cantidad de información superflua que pueda haber.

Las redes sociales son una poderosa fuente de negocios y contactos. No las utilices solo para desahogarte y opinar. Asegúrate de entenderlas.

La mayoría solo usa las redes sociales para desahogarse. Desahógate si así lo quieres, pero busca también beneficios: ayuda a alguien, genera más relaciones, oportunidades de negocios. Hay que buscar un efecto adicional y que le agregue valor a tu "para qué". Alguien retuiteó lo que publicaste porque es inteligente o útil, aumentaste el número de seguidores, te volviste tendencia o *trending topic*. Todo esto puede suceder, pero si manejas de manera cerebral tus redes. Cuando empieces a verlas de manera diferente, como lo hemos hecho en Invertir Mejor, a tal punto que son nuestra principal fuente de ingresos, y no solo como el sitio donde tú y todo el mundo se desahoga, le encontrarás sentido a esa poderosa herramienta. Quien carece de la determinación para progresar siempre encontrará excusas para no hacerlo, y ocurre lo mismo con la tecnología; quien no tenga la voluntad o disposición de aprender a usarla para su crecimiento financiero, y aprovecharla al máximo una vez que la maneje, tiene mentalidad de pobre y jamás dará los saltos cuánticos que permite la era digital. "No sé cómo montar un video, no sé usar una cámara, no soy bueno hablando en público, no sé qué decir en tan pocos caracteres, Facebook es para poner fotos de mis amigos", escucho un sinfín de pretextos cuando se trata de redes sociales. Pretextos que bloquean y detienen la mentalidad que debemos mantener y cultivar día a día, segundo a segundo, para ser prósperos. Recuerda: o me quejo, o me adapto; o me acomodo, o me extingo.

Hemos ayudado a cientos de personas en la creación de sus negocios en línea y a optimizar el uso que le dan a las redes y a YouTube. Esto significa mucho, pues es aprovechar el tiempo por medio de formas de negocio que funcionan las veinticuatro horas, con una mínima intervención de su creador y multiplicando los efectos y beneficios para muchas personas al mismo tiempo. Un video tuyo en YouTube, por ejemplo, es ni más ni menos un clon que trabaja por ti los 365 días del año, sin descanso y sin pedir aumento de sueldo. Nosotros mismos tuvimos que pasar por esa curva de aprendizaje cuando en el año 2004 creamos Invertir Mejor y descubrimos más tarde que YouTube era la herramienta más adecuada para multiplicar exponencialmente el número de personas que nos consultaban sobre cómo alcanzar su libertad financiera, cómo invertir por Internet y luego, cómo encontrar su "para qué" o propósito de vida; hacíamos los videos para ayudarlos y nos asegurábamos de que en ellos hubiera además de contenido útil, publicidad de la empresa. ¡Eureka! Muchas personas veían los videos y terminaban comprando los productos en la tienda virtual de www.invertirmejor.com, fueran combos, seminarios en línea o programas para traders. Que los resultados no fueron de un día para otro, claro; pero la perseverancia y el inconformismo son virtudes púrpuras. Pasamos de tener 100 reproducciones diarias de nuestros videos en 2009 a más de 70 000 reproducciones diarias en 2016. A la fecha seguimos creciendo de manera sostenida y es posible que nos vean a cualquier hora, desde cualquier lugar del mundo, y que participen en nuestros seminarios en línea, que por cierto pueden realizar a cualquier hora, sin que se necesite de mi presencia física o de mi equipo de asesores. Es más, algunos de los productos de Invertir Mejor ya tienen como objetivo ayudar a las personas a tener ingresos pasivos y, literalmente, vivir por cuenta de las redes sociales y YouTube.

Lo poderoso de los negocios e inversiones en línea es que siguen fluyendo mientras tú haces otras cosas, siguen produciendo ingresos. Cuando depuras tus productos, cuando sabes realmente qué necesita la gente, va aumentando la rentabilidad y le puedes dedicar más tiempo a tu familia, por ejemplo. Deja de ser una vaca blanca de las que dice "voy a trabajar más a ver si gano más" y vuélvete una vaca púrpura que afirma "trabajando menos, puedo ganar más". Ten en cuenta que "trabajar menos" no es sinónimo de quedarse dormido en la casa, es que la tecnología y el dinero estén trabajando más duro que tú.

En el siglo pasado hacías 20 trabajos y te pagaban 20 veces. En el nuevo siglo trabajas una vez y te pagan N veces. Esto es otra descripción para ingresos pasivos.

Esta experiencia nos ha permitido identificar algunas pautas que te serán útiles para iniciar tu propia exploración de las redes sociales en procura de mayores ingresos. Lo primero es que si ya has detectado cuál es tu oportunidad de negocio y qué es aquello que vas a ofrecer, hay que especializarse. Pregúntate realmente qué te interesa y con qué es más afín tu talento. Recuerda que todos, absolutamente todos, somos productos, entonces siempre estamos vendiendo.

En segundo lugar, investiga en Internet qué hay cercano a lo tuyo, estudia referentes que puedan ser útiles para crear tu propia manera distintiva de hacer lo que ellos hagan, pero mucho mejor. Inspirarse en buenas prácticas, en aquello que funciona, te será de utilidad. Mira a quiénes siguen ellos, sus referentes, y síguelos.

En tercer lugar, si vas a crear varios perfiles en diferentes redes, hazlos de manera coherente entre ellos. Conéctalos y haz que se repliquen entre sí. Si publicas algo en Twitter, hay formas para que esto se replique inmediatamente en Facebook, o en Instagram, o viceversa. Hoy en día todo está intercomunicado. Asesórate con personas expertas en el tema y con material disponible para crear una marca personal que una tus redes.

En cuarto lugar, y esto debe ser tu máxima, aporta valor en lo que comuniques. Si antes criticabas las redes sociales por ser lugares donde la gente se desahogaba o publicaba cosas superfluas, ahora que estás en ellas es tu oportunidad de contribuir con información valiosa. No vendas por vender; vende para hacer mejor la vida de las miles o millones de personas a las que puedes llegar. Si vas a replicar información o vas a compartir información tuya, piensa que sea útil, de valor agregado, que esos contenidos sean un anzuelo para que las personas te tengan en cuenta y se interesen por las noticias que les das tú. Esto podría sintetizarse con una palabra: relevancia. Sé relevante para los demás.

Lo anterior tiene que ver con algo que nos ha ocurrido a nosotros. Hay personas que nos contactan y nos envían sus inquietudes de manera individual. Cuando vemos que la respuesta puede servir a otras personas, publicamos la solución para todos. Así masificamos el conocimiento, optimizamos el uso de las redes al llegar a más personas y con seguridad ahorramos tiempo y esfuerzo a otras. Que tus videos les ayuden a las personas, eso te lo recompensa el universo con creces.

En quinto lugar, la forma también es muy importante aquí. Brindar contenido, ayudar a la gente, satisfacer necesidades, mediante videos que sean ágiles, de notoria calidad visual, con un alto componente emocional, contundentes, que llamen la atención con títulos altamente sugestivos, es un objetivo primordial. No es solo ser; es también parecer. Y no es un tema de dinero, es un tema de recursos, talento, ingenio. Hay personas que me dicen "no tengo dinero", y yo les contesto: "no es que te falte dinero, sino que no tienes ideas".

Claro que hay que aprender a usar las plataformas. Eso necesita de un tiempo, pero ya están diseñadas para que prácticamente cualquier persona pueda hacerlo. YouTube, por ejemplo, es considerada quizá la más poderosa en el mundo y brinda tutoriales para aprovechar todos sus recursos al máximo. Hemos desarrollado para nuestros socios y para todo el mundo un sitio web dedicado a apoyar la creación de canales propios, llamado www.ganardineroconvideos.com. En este damos pautas muy específicas para aprovechar las ganancias derivadas de la publicidad en YouTube, cómo generar credibilidad, crear confianza por parte de la audiencia y aprovecharla, igual que algunas pautas técnicas para hacer mejores videos, cortos y que no lleve mucho tiempo realizar. El valor de un video es que facilita la comprensión por parte de quien lo ve y exige menor esfuerzo de parte de quien lo hace. Muchas personas me dicen: "Juan Diego, pero es que necesito de muchas reproducciones para que Google me pague por tener mis videos en YouTube". No se trata de ganar dinero solo con las reproducciones de tus videos. Se trata de que tras ver tus videos, las personas terminen comprando tus productos en la tienda virtual de tu sitio web porque tú los cautivaste.

El valor de un emprendedor, de una persona púrpura, que ha decidido ser rica en su vida, es que si quiere generar nuevos ingresos, se atreve a hacer cosas que antes no hubiera hecho y se apalanca en la tecnología para realizarlas. *Allí* está el secreto.

5

LA HORA DEL PLAN B

¿Qué me motivó y qué encontré invirtiendo por Internet? Cuando empecé en el año 2000, invertir por Internet era algo novedoso en América Latina. En ese año me movía un gran afán: dejar de invertir en lo mismo de siempre. Las inversiones no son solamente malas cuando dan una tasa baja, sino cuando no se aprende de ellas. Ten la seguridad de que hay una doble pérdida cuando tienes tus recursos en una cuenta de ahorros, no solamente por los mínimos intereses que te pagan, sino por no aprender nada mientras el dinero está allí. Me gustaba el reto, resultaba cautivante la incertidumbre que suponía el proceso de invertir por Internet, disfrutaba el riesgo que suponía ese tipo de inversiones. Nadie se hace rico sin asumir riesgos; ese reto entonces, esa incertidumbre, ese no saber con qué me iba a encontrar invirtiendo por Internet me motivaron muchísimo.

Luego, alguien me dijo una vez: "Juan Diego, ¿qué garantía tienes de que invirtiendo por Internet vas a conseguir dinero?". Era el año 2000, repito. Mi respuesta fue sincera: "ninguna garantía". Las mejores inversiones no garantizan la tasa. ¿Por qué le garantizan a uno una tasa del 2 o 3 por ciento en un papel de renta fija al año? Porque algo tan malo es muy fácil de garantizar; lo mismo pasa con una cuenta de ahorros y muchas inversiones más.

Yo estaba ávido de conocimientos y lleno de bríos; no buscaba garantías de que una u otra inversión fuera a rendir un buen fruto. Además, tenía muy presente esa frase de los abuelos que tiene que nutrir al inversionista: "los pioneros siempre tienen las mejores tierras". Un pionero, alguien que se arriesga a lo desconocido, se está poniendo al fuego, se esculpe a diario sin temor, no puede llegar de último a todo porque le tocará lo peor en la repartición. No tenía miedo, cualquier atisbo de miedo quedaba eclipsado, totalmente, por una motivación Nivel 10 que era invertir por Internet.

¿Cuáles fueron esos primeros mercados en los que empecé a invertir? Los mercados de pensiones voluntarias en Colombia y de acciones internacionales. Posteriormente, fui haciendo la transición al mercado de divisas, comúnmente conocido como Forex, más tarde negocié commodities, como petróleo, plata y oro, y por último, acciones colombianas y opciones binarias, tema nuevo para mí en su momento y del cual hablaré más adelante.

Cuando abrí mi primera cuenta para hacer transacciones por Internet en un *broker* llamado ETrade en los Estados Unidos, ni siquiera tenía una cuenta en el extranjero desde la cual girar el dinero. Tuve que conseguir una persona que hiciera las veces de puente para pagarle en pesos en Colombia y que desde su cuenta él girara los recursos para realizar transacciones en esa plataforma, ya que en ese momento era permitido hacerlo. No ganaba, siendo profesor universitario, cuando realicé esa primera inversión ni siquiera mil dólares. Alguien podría preguntarse si esa falta de dinero era un problema para mí en ese momento. No. La falta de dinero nunca la veo como un problema. La fálta de dinero siempre la veo como un incentivo para conseguirlo.

En algunos *brokers*, el monto mínimo con el que se permitía abrir una cuenta y hacer transacciones era justamente mil dólares. Era casi mi salario mensual de ese momento, pero ello no significó que me iba a arrepentir de mi decisión o que iba a esperar. Cualquier preocupación o sentimiento de orfandad en virtud de que ninguno de mis amigos hacía transacciones por Internet se mitigaba con el placer de hacer mis propias inversiones desde una computadora, que más se parecía a un ábaco que a cualquier otra cosa. ¿Miedo en ese momento? Sí, claro, muchos, pero no tan fuertes como mi motivación.

En vez de meterse una jeringa o tragarse unas pastillas, muchos deberían probar otras drogas: opciones binarias + Forex + acciones.

Recuerdo que en esa época el dedo se me quedaba congelado frente a la computadora en algunas ocasiones antes de hacer clic para comprar o vender. Los temores y los demonios me visitaban como queriéndome recordar que había un capital en juego, pequeño pero capital finalmente, que se podría perder al invertirlo. "¡Quién dijo miedo!", me decía mi ser interior. ¿Cuál es mi recomendación? Invita a esos miedos a la mesa y que se sienten contigo, a tus defectos también; que cuando ellos se encuentren ante una motivación Nivel 10, se agacharán y desvanecerán por completo. La motivación estaba clarísima: yo quería convertirme en un referente en el tema de las inversiones por Internet. Si tienes motivaciones nivel 6, 7 u 8 formarás parte del universo de vacas blancas que inunda el planeta y verás cómo tus defectos y miedos tapan tus sueños e impiden tus logros. Con una motivación Nivel 10 no pasa eso.

Uno cree cuando empieza a invertir por Internet que más negocios significan mejores negocios. Les confieso algo: yo veía señales de inversión en esa computadora todo el día y hoy he llegado a concluir que muchas de ellas me las imaginaba. Eran tantas las ganas de hacer transacciones, tantas las ganas de experimentar que se sentía dar clic para comprar o vender, que veía señales que no existían. Ese espíritu frenético, esa ansiedad, llevaba por ejemplo a que yo hiciera cosas tan inverosímiles como la siguiente: cuando migré al mercado Forex hacía un negocio a las 9:00 p.m.; por ejemplo, vamos a suponer que compraba el par euro/dólar y apagaba la computadora, me iba a dormir tarde y antes de quedarme dormido empezaban las dudas a atacarme. "¿Por qué compraste el par euro/dólar si Europa está en recesión y Alemania tiene todos los problemas del mundo?". Me trataba de contener sin éxito y me levantaba, prendía la computadora y cerraba la operación; es decir, vendía lo que había comprado, lo cual me permitiría pasar una noche tranquila, sin la zozobra de tener una operación en riesgo, de la que dudaba. Regresaba a la cama y me dormía.

Al otro día antes de desayunar volvía a prender la computadora y ocurría lo que debes de estar imaginando en este momento: el euro había subido de precio, con lo que habría ganado de no haber cerrado la operación; en ese instante no me soportaba a mí mismo. Eso, por fortuna, no lo volví a hacer. ¿Por qué? Porque si algo pule al individuo, si algo pule al ser humano, es invertir por Internet. No solamente es un curso de geografía que lo invita a conocer muchos países del mundo, sus monedas, sus productos, sus gobiernos, noticias y economías, sino que todas las virtudes y todos los defectos que tenga como ser humano quedan expuestos al invertir por Internet.

¿Por qué se va cambiando ese modo de actuar, ya de por sí inverosímil? Porque tú vas cambiando tu personalidad como *trader*. ¿Qué significa esto en buen romance? Que vas teniendo experiencia, te vas puliendo más, te vas conteniendo más, te vas volviendo más paciente, pero sobre todo, lo que más ayuda, vas aprendiendo que menos negocios significan muchas veces mejores rentabilidades.

Hay quienes sienten miedo ante algunas inversiones. Pero tienen su dinero en una cuenta de ahorros. Sin ganar ni aprender. Eso sí me da miedo.

En algún momento hice *day trading*, negocios de alta frecuencia, al cual muchas personas se dedican hoy en día. Lo respeto y comprendo. Genera una adrenalina especial: comprar a las 8:00 a.m. y vender a las 8:05 a.m.; volver a ingresar al mercado a las 9:00 a.m., hacer varios negocios durante el día y ni darse cuenta del paso de las horas, viendo cómo el capital va y viene, puede resultar fascinante. Me interesó hasta que me topé con un libro mágico llamado *El inversionista inteligente*, libro que todavía me resulta de la mayor utilidad, publicado por vez primera en 1949 por el padre del análisis financiero, Benjamin Graham, que en paz descanse, y mentor por cierto de Warren Buffett.

Graham decía algo que con el tiempo ha ido calando profundamente en mí: "*the more you trade, the less you keep*" (mientras más negocios hagas, menos capital conservas). Un *trading* mucho más reposado, más juicioso, más metódico, menos nervioso, como el que se puede cultivar con los años, puede dar una mayor rentabilidad que estar haciendo operaciones durante todo el día. Es más, pasé de realizar operaciones, como la citada, en la que me levantaba e iba a cerrarla para estar tranquilo, a enviarme un mensaje que dice lo siguiente: "ni cuando ganas te emocionas, ni cuando pierdes te emocionas". El buen trader es como el buen jugador de póker: mantiene el mismo nivel de excitación en todas las etapas del juego.

Para los años 2007 y 2008, ya contábamos con un equipo de *traders* muy interesante en Invertir Mejor, con quienes hicimos gala de una metodología que fue absolutamente exitosa. La metodología de *trading* con base en noticias, una auténtica droga que explico en los seminarios de inversiones por Internet.

En ese momento los negocios eran tan grandes y las utilidades muchas veces tan rápidas que si literalmente no teníamos los pies en la tierra, nos enloquecíamos. Incluso, como lo hice público cuando ocurrió, un *broker* llamado ACM Markets me vetó en el año 2008 en virtud de que les ganábamos dinero, según ellos, muy rápido. En otras palabras, hacíamos negocios en los cuales cerrábamos las operaciones en un lapso de 1 a 5 minutos, absolutamente apalancados, con toda la adrenalina del mundo y con buenos resultados. Nos obligábamos, y ese mensaje le mandábamos al cuerpo, a no sentir nada.

¿Y cómo es, Juan Diego, que uno puede enviarse ese mensaje? Claro que te lo puedes enviar. De pronto has invertido y ganaste. No te lo creas. Imagina que no ocurrió, que todo sigue igual. El buen inversionista no se cree el mejor cuando gana ni el más malo cuando pierde. Quienes han hecho el seminario de Invertir Mejor de inversiones por Internet lo han comprobado.

El mensaje que me mandaba a mí mismo era: "no puedes sentir nada, porque de lo contrario te enloqueces". Ante una buena utilidad, rápida, muy provechosa, vas a sentir que naciste para esto y que solo vendrán ganancias; pero si se produce una pérdida, el mensaje podría ser otro, diametralmente diferente y frustrante. De modo que por táctica mental opté por no sentir nada: ni lo uno ni lo otro, ni dormirme en los laureles de los triunfos ni castigarme por las derrotas o las pérdidas.

Mira cómo se cae el viejo paradigma de que "en el desayuno se sabe cómo va a ser el almuerzo". Los diez primeros negocios que hice en 2004 invirtiendo por Internet en el mercado de divisas tuvieron por resultado, conocido por muchos de ustedes, el siguiente: perdí en todos. Un chimpancé entrenado en cómo lanzar una moneda al aire para decidir si compraba o vendía hubiera tenido más éxito que yo en ese momento.

Pero la motivación 10 estaba al frente. Quién dijo miedo, o como diría un amigo mío, "qué tanto es una vuelta más para un ventilador".

Seguí perseverando y cinco años más tarde teníamos el mejor proveedor de señales de Forex del mundo y la rentabilidad que producíamos hizo no solamente que el *broker* nos vetara, sino que recibiera una llamada de quien era la gerente regional de Bancolombia, el más grande banco colombiano, en la que me dijo, palabras más palabras menos: "Juan Diego, necesito reunirme contigo porque hay algo que no me cuadra, hay personas que están duplicando en un lapso de 6 meses sus cuentas y dicen que te chupan rueda a ti". "Chupar rueda" es sinónimo de beneficiarse de lo que otro hace, modelarlo o seguir sus métodos.

Su preocupación era entender cómo sus clientes, que tenían, por decir algo, cinco mil dólares en sus cuentas un día, seis meses después retiraban quince mil dólares, sin que ello fuera fruto de operaciones *non sanctas*, sino, por el contrario, resultado de transacciones lícitas. "Muy sencillo —le dije—: cada *broker*, el que sea, permite sacar un estado de cuenta con el historial de los movimientos que realiza, de manera que cuando la persona traiga los recursos al país puede sustentar ante cualquier entidad la procedencia de su dinero". Esto era completamente nuevo para todos, de manera que levantaba muchas suspicacias y es, a la larga, el precio que pagan los pioneros.

"Los últimos serán los primeros". Eso solo se ve bonito en la Biblia. Me gusta más: "Los pioneros siempre tienen las mejores tierras".

¿Cuál es la moraleja de esto? No hay, invirtiendo por Internet, virtudes más importantes que la perseverancia y la paciencia. No hay que creerse los paradigmas, "ni tra-

garse los sapos" que las vacas blancas quieren que nos tra-
guemos. "Que no naciste para esto, que en el desayuno se
sabe cómo es el almuerzo", nada de eso. Tú simplemente
te alimentas, te nutres, de los escépticos, porque ellos apalancan tu progreso. Qué bueno que incluso en tu casa te
estén diciendo: "¿sigues perdiendo el tiempo en esa computadora?"; tú solo aguanta y sigue. Es un ejercicio de
control. Para una vaca púrpura ese es el paraíso. Celebra-
rás con ellos, los invitarás a tu mesa a comer caviar con
el mejor de los vinos y sin resentimiento alguno será un
placer ver cómo quienes no creían en tus sueños, quienes
no saben qué es perseverar y seguir la intuición, ahora te
felicitan y se alimentan de las mieles de tus triunfos.

No hay virtudes más importantes que la paciencia y
la perseverancia a la hora de hacer negocios, ninguna
otra. He conocido *traders* exitosos que son arquitectos,
abogados, veterinarios; personas con escasa formación
financiera, pero que son perseverantes, pacientes, tienen
hambre y han logrado resultados asombrosos. La clave
está en nunca perder el hambre, la ambición; el día en que
te des cuenta de que tienes un ataque de conformismo
no anunciado, el día que te des cuenta de que la zona de
confort forma parte de tu vida, reacciona, porque no quiero más vacas blancas, no quiero más conformistas, quiero
gente con determinación y hambre, esa hambre que te
llevará al éxito.

¿Qué sugerencias podría dar hoy? Lo primero es que
tus ingresos no dependan del *trading*, así tú seas un *trader* exitoso, así seas una persona buena invirtiendo por
Internet o haciendo negocios por Internet. Yo viví varios
años del *trading*, particularmente entre 2005 y 2009, fue

mi mayor fuente de ingresos sobre todo apalancado en el mercado Forex, porque el mercado accionario no daba tanto apalancamiento como el mercado de divisas.

No obstante, y pese a los excelentes resultados que puedas obtener, no recomiendo que sea tu única fuente de ingresos. Tiene que haber una razón adicional para generar ingresos, y eso es lo que básicamente miro a fondo con los socios Púrpura, Gold o Élite de Invertir Mejor, cuando les ayudo a que analicen a fondo a qué vinieron a este mundo. Si el *trading* es su propósito de vida, adelante; pero si no lo es, no dependas de él para tener ingresos.

En el 2000 me decían: "¿Qué garantía tienes de que te irá bien invirtiendo por Internet?". Ninguna; las mejores inversiones no garantizan la tasa.

Tú tienes un talento que a lo mejor todavía no explotas como debieras. Cuando miras tus finanzas y ves que son limitadas, te puedo asegurar que eso se debe a que no has desarrollado el talento con el que viniste a este mundo ni se lo has mostrado a miles de personas a las que les puede interesar. Estoy convencido de eso: cuando encuentras la respuesta a la pregunta de para qué viniste a este mundo y te dedicas a ello, te aplicas a fondo, nunca tendrás problemas en materia de inversión.

¿Qué es lo que ocurre en la práctica? Que la mayoría de las personas se mueren sin saber para qué eran buenas: vegetan en un trabajo, se acomodan a él, incluso, empiezan a tener los comportamientos que anteriormente deploraban. ¿Cuáles? La sonrisa que se repite cada 15 y cada 30 del mes, cuando llega el sueldo; odiar los lunes, concentrarse en cuánto va a ser el incremento del salario para el año entrante, empezar a hablar de temas como la pensión, preocuparse por la prima o bonificación periódica, y otras conductas lamentables. Yo no estoy en contra de los empleados por sí mismos, yo fui uno de ellos, solamente estoy en contra de trabajar en algo que no disfrutes ni concuerde con aquello para lo que viniste a este mundo; con algo con lo que no vibres. No hay reencarnación garantizada, es vital encontrar el "para qué" vine a este mundo, no solamente por satisfacción personal, sino también como propósito para obtener más ingresos y no depender del *trading*.

Hay personas que me dicen: "Juan Diego, este mes fue muy malo porque compré muchos euros y el precio bajó". Eso es una contingencia, algo pasajero, no puede ser la razón de tu vida ni lo que determina si el mes fue bueno o malo. Todos los meses son buenos si invirtiste cada día en tu propósito de vida, no debe importar si una acción o si una divisa subieron de precio porque estás equipado, educado financieramente y desarrollando tu "para qué".

Hay otras personas que dicen: "es que la economía está muy bien, entonces yo estoy muy bien; o la economía está muy mal, entonces es normal que yo esté mal". Eso es falso. Una persona con educación financiera y con un "para qué" claro progresa en épocas de dificultades económicas o de bonanza. No depende del *trading*. Las dificultades que le impone la economía le sirven para apalancarse.

"Juan Diego, muy interesante el tema de las inversiones por Internet pero yo tengo un doble problema: no tengo ni el tiempo ni el conocimiento para hacer inversiones por mí mismo", podrías estarte preguntando. Es más, quizá ni tengas una computadora o una buena conexión a Internet. Todo eso puede cambiar.

En el año 2000, al menos que yo supiera, no había proveedores de señales; esto es, personas o sistemas que hacen los negocios por uno, utilizando la tecnología, para que las órdenes de compra o venta ingresen a tus cuentas de prueba o tus cuentas reales. No había quien hiciera transacciones por ti, no se tenía siquiera la posibilidad de ponerlas al fuego en una cuenta de prueba para luego, con base en resultados, utilizarlas en una cuenta real; ahora hay miles de proveedores de señales que suplen tus carencias, repito, sistemas o personas expertas que pueden hacer transacciones por ti, en cuentas de prueba y posteriormente en cuentas reales, sobre todo en plataformas de Forex. Esa es una opción que sugiero utilizar hoy en día, tras ver el historial de cada proveedor, siendo incluso el mejor de los escenarios aquel en el cual se utiliza esa alternativa para que negocien con tus recursos mientras al mismo tiempo posees una cuenta manejada por ti para ver qué tanto vas progresando. ¿Puedo tener entonces una cuenta gestionada por mí mismo y otra cuenta gestionada por un proveedor de señales, alguien que haga transacciones o negocie por mí? Por supuesto, y es un buen escenario para conocerse; hay gente a la que le da miedo hacer transacciones en las cuentas "demo" pero ahí es que van descubriendo de qué están hechos.

¿Cuándo te vas a empezar a preocupar por una cantidad de dinero realmente? Cuando tengas ese dinero invertido en un mercado. ¿Qué opinas del yuan chino, del déficit comercial de Nueva Zelanda, del problema de empleo en Canadá? Nada, a menos de que hayas invertido en mercados que tengan relación con estos temas. Ten inversiones en China, en Nueva Zelanda; haz negocios con el dólar canadiense a ver si te importan o no esas noticias. Así sea entonces para exigirse a uno mismo, para involucrarse en los mercados, para ampliar nuestra realidad, es necesario invertir por Internet. "La realidad financiera de una persona se basa en lo que ella cree que es posible financieramente, nada cambiará hasta que la realidad de la persona cambie y eso solo es posible cuando esa persona sea capaz de ir más allá de los temores y dudas que a sí misma se ha impuesto". El miedo no da dinero, el miedo paraliza.

El mayor riesgo es vivir una vida mediocre, por debajo de tus posibilidades y en la que el miedo es protagonista, no tus sueños.

Otra sugerencia, además de no depender del *trading* y de acudir a los proveedores de señales: invirtiendo por Internet hay una posibilidad grande de conseguir dinero si haces uso de manera correcta de una figura que se llama *apalancamiento*. El apalancamiento, que no es otra cosa que invertir con dinero de otro, así tenga otras definiciones, te permite, con una buena metodología de inversión, ver cómo tus ganancias suben por el ascensor cuando las de los demás suben por la escalera.

Si tienes una buena metodología de inversión, por favor déjate tentar por el apalancamiento. Ante una buena mano, el buen jugador aumenta su apuesta, diría alguien. Toda la vida nos quejamos de que no tenemos dinero, pero el mundo está repleto de dinero. Incluso el apalancamiento de 300 o 400 veces tu capital en algunas plataformas de *trading* da temor y no lo usamos, ya que nos falta estómago para hacerlo. Entonces el problema no es el capital, pues el dinero está allí, proveído por el sistema financiero a los mismos *brokers*; lo que hay que hallar por sí mismo o por terceros es una metodología buena de inversión que nos permita hacer uso de ese apalancamiento de una mejor manera para hacer negocios mucho más grandes.

Más sugerencias: hay un tema reciente que ha provocado mucho interés y es el relacionado con las opciones binarias. No sé por cuánto tiempo funcione ese mercado; pero al margen de que lo siga o no haciendo, ten presente lo que aquí digo.

Lo primero que puedo decir es que hay que tener cuidado, mucho cuidado, con quién abre la cuenta. Siempre verificar que sea un *broker* regulado, que lo vigilen y que tenga un buen tiempo en el mercado.

Lo segundo es que las opciones binarias no son para utilizar en cualquier momento del mercado, sino cuando sea muy clara la tendencia de aquello que se va a comprar o vender. Vamos a suponer que juegan un partido de futbol el Barcelona contra el Levante. El resultado esperado es que la victoria sea del Barcelona dado el historial de partidos ganados, nómina y estilos de juego. Todo indica que el resultado será a favor del conjunto catalán.

Supongamos que alguien dice: "si gana el Barcelona le doy 7 dólares, pero si pierde me paga 10". Está clarísimo que hay muchas más opciones de que gane esos 7 dólares, las probabilidades son más altas. Cuando el mercado esté demasiado claro, haz transacciones con opciones binarias, empieza con prudencia y primero practica, como siempre. Pero si fuera un partido del Barcelona contra el Real Madrid, en el que las probabilidades pueden ser de un cincuenta-cincuenta y no es claro quién pueda ganar, no elijas las opciones binarias.

Por último, ten en cuenta que las inversiones por Internet no son solamente las divisas, las acciones y los commodities. Hay un personaje que trabaja 24 horas al día, 365 días al año, gratis, que no está preguntándote cuánto le vas a incrementar el año entrante el salario y te produce dinero, ese personaje se llama "un video tuyo en Internet". Obsesiónate con los ingresos pasivos, Internet no es solamente para comprar o vender activos financieros.

Yo les digo algo: no hay felicidad mayor, financieramente hablando, que recibir un cheque de Google por los videos que grabaste una vez y que te siguen dando dinero toda la vida. ¿Qué estamos esperando? "Juan Diego, mi situación financiera es precaria. Además, me da pavor exponerme ante una cámara, yo no tengo facilidad de expresión, ni me veo bien". No pongas más excusas, crea una motivación. Por ejemplo: "Que el ingreso proveniente de Internet sea el que pague la educación de mis hijos". Te aseguro que así estarás suficientemente motivado a aprovechar esa herramienta al máximo y aprenderás a hablar ante una cámara, a expresarte, a subir el video y a mejorar cada día, pero solo si esa motivación es lo suficientemente fuerte.

Por último, la importancia de la actitud. En cierta ocasión dije: "De rodillas llevaré una vaca blanca sobre mis hombros, y en medio de un largo camino, haré una pausa para que solo ella, y no yo, tomé un poco de agua", esa es la actitud que yo tengo para estar en modo hervir, levitar y comerme el mundo. ¿Cuál es tu actitud?

6

LA ACTITUD

Hemos hablado de la necesidad de que ante la adversidad, las crisis y los escenarios que pueden parecer inciertos, logremos reconfigurar el panorama a nuestro favor y sacar fuerzas y bríos para enfocarnos en nuestro "para qué". No hay mejores incentivos para descubrir de qué estamos hechos que los momentos en los que creemos que no hay salida, cuando estamos contra las cuerdas, en los que pareciera que no hay un mañana.

En esos momentos difíciles debemos tener a la mano las motivaciones Nivel 10, que son las que nos llevarán por el camino de la abundancia. Aprovechar los momentos difíciles, verlos con un prisma distinto e incluso convertirlos en un trampolín de saltos cuánticos, lo hemos llamado "apalancarse", en el sentido de que utilizamos algo que parece ser un obstáculo, un temor, comentarios que nos quieren hundir, situaciones que parecen sin salida, y lo convertimos en el pilar que sostiene nuestra determinación de ser ricos.

También hemos visto que son las urgencias monetarias, las situaciones extremas en las que aparentemente no contamos con dinero, las que nos comprometen y exigen más de nosotros mismos; solo así descubrimos nuestros talentos para la generación de nuevos ingresos, más exactamente, ingresos pasivos que permitan pagar la calidad de vida que merecemos.

Cuando estás pasando por esos momentos difíciles, estos parecen que fueran insuperables, pero al final sabrás que si no hubiera sido por ellos, no hubieras llegado a la gloria; en el barro, en el asfalto, en la dificultad, es cuando te esculpirás como ser humano y cuando le mostrarás al mundo de lo que estás hecho. De manera coloquial he dicho lo siguiente: "la mierda alimenta y aumenta las defensas; mientras te la comes, te sabe horrible, pero con el tiempo descubres que de no habértela comido, no te habrías vuelto alguien mucho más fuerte". Así, mientras tengas la goterita quincenal del salario no se te ocurrirán grandes cosas. Y es que no lo necesitas, el cuerpo no te lo pide; estás en una zona de confort. Cuando no tienes nada, por el contrario, es cuando se te ocurren las ideas más brillantes y te obligas a producir. Cuando estás en medio de la adversidad es cuando te preguntas: "¿qué sé hacer yo, qué voy a hacer para producir y obtener resultados diferentes?".

Detrás de todo esto hay algo clave: la actitud. Para mí, la actitud es la única ventaja competitiva sostenible que existe. Piensa en esta frase y en el sentido profundo que tiene: "la misma agua que endurece un huevo, ablanda una papa". No son entonces las circunstancias las que importan, de lo que se trata es de la actitud con la cual se afrontan y de cómo esta facilita la consecución de las cosas, no solamente materiales, sino espirituales.

Tenemos retos muy grandes en ese vínculo actitud-riqueza. Es un acto de irresponsabilidad morir pobres teniéndolo todo para ser ricos y dejando en medio de ríos de lágrimas, sangre y deudas a aquellos que me siguen, a aquellos que dependen de mí, poniéndolos a sufrir cuando en vida les pude haber dado mejores resultados.

Es muy común escuchar a las personas decir que un problema llama a otro y que cuando tienen una dificultad caen todas juntas, y que por lo tanto cómo van a mantener una actitud optimista ante la vida si parece que esta los mantuviera sumidos en una vorágine de malas noticias. Muchas otras personas se cuestionan cómo progresar, cómo tener una buena actitud, si su vida los agobia con una tristeza tras otra. Yo más bien pregunto: ¿y es que una mala actitud, una baja energía, un marcado pesimismo, va a ayudarlas a salir de la difícil situación en la que se encuentran? Considero que no.

Si pensamos en el origen de muchas fortunas y de la riqueza de personas que son referentes hoy en día, sus capitales surgieron en las épocas de dificultades, en medio de una crisis. Lo he dicho siempre: un país en crisis —que es un mal nombre, uno que a mí no me gusta mucho, pero admitámoslo transitoriamente—, es el paraíso de las oportunidades. ¿Por qué? Porque cuando tantos lloran se hace más rentable vender pañuelos, y a este mundo vinimos los que gozamos de buena actitud, a eso, a vender pañuelos. Hay muchas personas que se preguntan por qué les pasan las cosas, y eso los hace víctimas, pero otros nos preguntamos para qué nos pasan, y eso nos hace emprendedores, y nos abre puertas y oportunidades.

Mientras tú crees que el mundo, la economía o tu país están en crisis, muchos se hacen millonarios con tu pesimismo.

Recuerdo a alguien que alguna vez conversando conmigo se quejaba de la falta de dinero y de las condiciones que estaba imponiendo para su negocio una crisis por la cual atravesaba la economía. Le pregunté entonces a cuántos seres humanos él les estaba satisfaciendo alguna necesidad, a cuántos les resolvía algún problema, a cuántos les permitía vivir una vida mejor. No supo darme una respuesta en ese momento, pero si en medio de una crisis la respuesta es "a pocas personas", con toda seguridad pocos serán tus ingresos; si por el contrario en un momento de crisis estás logrando que muchas personas se beneficien de tu actividad, muchos serán los recursos que logres reunir. Crisis es una palabra generalizada y por eso no me gusta. Mientras tú pronuncias esa palabra hay millones de seres al mismo tiempo dándose la gran vida e incluso beneficiándose de lo que a ti te dio por llamar crisis.

Constantemente la gente se queja y dice: "a mí nadie me da una oportunidad". Una vaca púrpura, un ser extraordinario, no necesita que le den oportunidades en la vida; las ve, las huele, las crea y las aprovecha. Antes de quejarnos por lo difícil de la situación, miremos realmente qué actitud pro-riqueza tenemos, qué tanto estamos capitalizando lo que vemos, oímos, leemos y preguntándonos el "para qué" nos pasan las cosas o, por el contrario, si nos estamos refugiando en el "porqué" ocurren, que es sinónimo de una persona que se lamenta.

En ocasiones, y es algo muy arraigado en nuestra cultura latinoamericana, se tiende a creer que las dificultades y las crisis aparecen en nuestras vidas porque "Dios lo quiso así" y que saldremos de ellas "si Dios quiere que así sea". Y así como estas frases, hay otras que usamos cotidianamente que refuerzan esa creencia de que las cosas ocurren por una voluntad que es divina y totalmente ajena a nuestro control.

Lo que yo pienso al respecto es que Dios quiere de nosotros ante todo determinación, Dios quiere actitud, Dios quiere que con todo lo que te ha dado, progreses y hagas progresar a muchos más. Él no quiere tanto lamento, ni tanta resignación. Hay una frase que a mí me gusta muchísimo: "reza como si todo dependiera de Dios, pero trabaja como si todo dependiera de ti". Pienso que la actitud ahí también es determinante. No endosárselo todo a Dios o no decir que esto no funcionó porque Dios no lo quiso, no, no, no, ¿dónde está tu perseverancia, dónde está tu actitud, dónde están tu determinación y tenacidad? Recuerda: el universo te toma fotos, si te ve muy determinado, te manda lo que te mereces, califica con más merecimientos. Pero si simplemente estás resignado y mandas mensajes de derrota todo el tiempo, ¿qué te va a mandar el universo? Nada bueno.

Se trata entonces de no dejar todo a la deriva y esperar a ver qué sucede. Ya lo decíamos antes: es libre quien toma las riendas de su vida. No el que reza y espera que las cosas cambien por sí mismas y como un milagro. Hay que ayudarse uno mismo y cambiar la mentalidad perezosa y conformista de quien se sienta a ver cómo pasa el tiempo.

Para mí la pregunta que más me puede ayudar no solamente a desarrollar una mejor actitud, sino a progresar es: ¿qué motivación tengo en la vida? Las motivaciones ayudan químicamente para que la actitud mejore, las motivaciones eclipsan defectos, las motivaciones activan sueños, las motivaciones evitan suicidios. Tener una motivación Nivel 10 es sinónimo de tener razones para mantener una buena actitud. Constantemente me autoproclamo como el "rey del modo hervir"; tengo una energía tan alta, resultado de la manera en la que veo la vida, me alimento, medito y hago ejercicio, que dormir en ocasiones me parece una actividad necesaria pero lamentable con tantas cosas que quiero y siento que debo hacer. No obstante, lo que más contribuye a ese *modo hervir* son los grandes objetivos y motivaciones que tengo para mi vida; sin ellos, ya no hablaría de modo hervir, sino de *modo nevera*, estado caracterizado por una baja energía y alto nivel de pereza mental y física. La baja energía es una de las principales causas para la aparición de enfermedades. En modo hervir, por el contrario, se cocinan las mejores decisiones de la vida, se asumen riesgos, se va por todo, con actitud y determinación.

La ventaja de mantenerse en modo hervir, ambicioso y *full* de energía, es que el fuego exorciza las fieras, las espanta y te hace vencedor.

Les voy a poner un ejemplo contundente: hablaba con una señora de edad que me decía: "Juan Diego, es que a mí la computadora y los teléfonos inteligentes no me hablan; es decir, yo no nací en la época en que se inventaron como para entenderlos y utilizarlos bien". Y le dije: "yo puedo demostrarle que eso es falso, en un ejemplo de treinta segundos". Me miró estupefacta y le intrigó cómo iba yo a demostrar que era buena para la tecnología y que sí la podía usar. "¿Usted tiene nietas o nietos?", le pregunté. "Sí, Juan Diego, tengo una nieta".

Ante eso, le dije: "¿qué pasaría si esa nieta se fuera a estudiar al extranjero y le dice 'abuela quiero comunicarme contigo por WhatsApp, por Facebook o por Skype, y contarte toda mi experiencia'? Con toda seguridad el cariño, el amor y la felicidad de estar en contacto con ella harán que venza el temor que tiene hacia la tecnología y empiece a usarla", le aseguré a la señora. "Claro que sí, Juan Diego, me dijo". El problema no es la tecnología. El problema es que muchas veces nos faltan en la vida motivaciones para superar defectos, miedos y explotar habilidades. La motivación en ese caso es hablar con la nieta, eso le da brillo a su vida, es una motivación, una ilusión, que terminará por acercar a la señora a aquello de lo que se alejaba: la tecnología.

Hay un libro fascinante que se titula *Las 33 estrategias de la guerra*, de Robert Greene, y habla mucho de Napoleón. Dice que él pasaba jornadas enteras sin dormir y que decía tener tantas cosas para hacer que el cansancio se le olvidaba. Tú no te cansas realmente cuando trabajas mucho, te cansas cuando no disfrutas lo que haces; nada produce más fatiga que una vida rutinaria y aburrida. Entonces, si tienes motivaciones, serás proclive a mantener una actitud buena, te inclinarás a llenarte de razones para ver las cosas de otra forma; verás el vaso medio lleno y no medio vacío. En un fascinante seminario en el que estuve en los Estados Unidos, bajo la dirección de Anthony Robbins, aprendí que para cambiar el estado en el que uno se encuentra, y pasar de la tristeza a la alegría, de la depresión a la euforia, del modo nevera al modo hervir, uno debe cambiar tres cosas: el lenguaje, el enfoque y la fisiología. Con unas palabras ganadoras, un enfoque positivo y optimista y una postura erguida, que incluya sonrisas y energía, obtienes unos resultados. Con lo contrario, tendrás otros. Tus estados determinan tus resultados. Nunca lo olvides.

Nada me produce más placer en una sesión personalizada que destruir en menos de un minuto el defecto o temor que te impedía progresar.

Encuentra uno con frecuencia personas que son muy tercas y obstinadas y que consideran que no tienen motivaciones; que nada, nada en absoluto, las mueve a hacer algo por sus vidas y cambiar. Tuve conocimiento de una historia que es muy famosa: una persona que se iba a suicidar no encontraba razones para vivir y fue con un psiquiatra, una persona experta en el manejo de ese tipo de casos. La persona dijo, muy triste pero segura: "yo no encuentro razones para vivir". El psiquiatra le manifestó: "estoy de acuerdo con usted, ¡suicídese!". El paciente no esperaba que le dijeran eso. Al instante cambió: "no, pero cómo me voy a suicidar si yo tengo esto y lo otro" y siguió enumerando diferentes aspectos que le daban sentido al hecho de seguir viviendo. Es necesario a veces bucear dentro de ti mismo, mirar muy bien tu entorno y tu corazón para hallar las motivaciones, y si no las ves, entonces constrúyelas. Bienaventurados los que están en el fondo del pozo porque no les queda sino mejorar.

¿Aún no sabes cómo construir una motivación? Te voy a decir algo útil: "tira la vaca por el precipicio"; ¿estás muy inconforme con tu actual empleo? Renuncia. Si no tienes la fortuna que tuve yo de ser despedido de un empleo que no disfrutaba, despídete tú mismo. Al día siguiente te verás obligado a pensar de qué estás hecho, tendrás que ver cómo prendes esa antorcha que llevas adentro, cómo la pones a quemar tanto que a la distancia te vean venir y tú salgas a comerte el mundo. Deberá aflorar tu ingenio financiero y el gen emprendedor que todos tenemos.

Un caso que ilustra esto es la vida de Michael Bloomberg. Fue despedido de una prestigiosa firma de Wall Street y montó literalmente un emporio a partir de Bloomberg, su empresa de servicios de información financiera. Una vez se le preguntó cómo había llegado a ese estado, a lo que respondió: "me cansé de enviar currículum para que me dieran trabajo; no lo obtuve, por lo que me tocó crear Bloomberg". Es decir, el despido fue para él una de las mejores cosas en su vida, tal y como me ocurrió a mí.

Si tú no disfrutas con lo que haces o te "tiran la vaca por el precipicio", ser despedido es la oportunidad para encontrar tu norte, saber de qué estás hecho y responderte por fin a ti mismo a qué viniste a este mundo. Veamos un segundo ejemplo sobre lo que es tener actitud en la vida. ¿Qué es lo que usualmente suele preguntar una persona cuando aspira a un empleo?: "¿cuánto me pagarán?". Pues Warren Buffett llegó a decirle a Benjamin Graham: "Yo trabajo gratis para usted, empléeme gratis".

A esto es lo que traduzco coloquialmente como "chupar rueda"; déjame estar a tu lado para aprender. Inicialmente, Benjamin Graham, el padre del análisis financiero, no contrató a Warren Buffett porque estaba, según él, sobrevalorado para el cargo al que aspiraba. Pero luego trabajaron juntos y Warren Buffett siempre consideró a Benjamin Graham como su mentor, su tutor en materia financiera.

"¿No te parece riesgoso, Juan Diego, que renuncie a mi trabajo si con el salario pago mis deudas?". ¡Me parece más riesgoso que no seas feliz!

Son dos ejemplos tradicionales de lo que es la actitud; dos ejemplos que nos dejan lecciones. Primera: no llorar, no deprimirse porque te quedaste sin empleo o si decidiste abandonar el que tienes porque no coincide para nada con tu "para qué". Y segunda: no siempre emplearse en función de lo que te van a pagar, sino en función de qué tanto vas a aprender allí. Puede que paguen muy poquito o que no paguen nada, pero lo que aprendas te va a permitir apalancarte, mejorar, nutrir tus conocimientos para después ni siquiera preocuparte por un salario, como en su momento le pasó a Warren Buffett. Todavía recuerdo como si fuera ayer el poco dinero que me pagaron siendo profesor universitario, y luego de ser despedido de un empleo que no disfrutaba. No me importó; sabía que hacer algo que me gustaba, como investigar y enseñar, sumado a tener más tiempo libre para escribir terminarían dando frutos. Así fue. Hoy, otros que ganaron más que yo en mi época universitaria, pero haciendo algo que no les apasionaba y sin tiempo libre para nada, ni para su familia, hoy ganan mucho menos que yo, y cuando uno les pregunta por su "para qué" o propósito de vida, solo se limitan a guardar silencio o a preguntar qué es eso.

Va siendo más claro en este punto por qué la actitud es la única ventaja competitiva sostenible que existe. La gente dice que es el conocimiento, no es cierto. Lo que sabes hoy, mañana puede ser obsoleto o no servir para nada, pero la actitud, el "hambre", la determinación, las ganas siempre de lograr las cosas, eso sí que es vital en cualquier época de la vida. Mira cuánto quema a la distancia, cuánto hierve, cuánto reflejas en tu exterior lo que llevas en tu interior, si eres una antorcha prendida que da lugar a motivaciones Nivel 10 en la vida, a objetivos macro, a trascender, si eres una vaca púrpura que con su actitud se come el mundo literalmente. Hablamos ya de ser extraordinario, de descubrir ese ser diferente que quizá tienes ahí dormido; cuando tienes esa actitud, te pasan miles de cosas buenas en la vida, ¡aprovéchalas mejor! Recuerda que cuando se daña un día no es porque el cielo se vistió de gris, sino porque tú no sabes qué hacer ante ese clima.

Cuando el universo te ve a la altura de lo que deseas, en mentalidad, conocimiento y actitud, te toma la foto, y concluye: ¡se le otorga!

Los hábitos son muy importantes en todo esto. Tener una buena actitud siempre tiene que ver con no ser inconsecuente. Hay personas que me consultan y me dicen que no tienen una buena salud financiera, que tienen problemas de dinero constantemente. Empiezo a mirar los hábitos de la persona y descubro por ejemplo que casi todas las cuentas que sigue en Twitter, si tiene Twitter, son de la farándula. Esto no tiene nada de malo, en absoluto, es respetable así no lo comparta, pero en cuestión de hábitos financieros y hábitos pro-riqueza hay que ir más allá del gusto por ciertas cosas. Hay que pensar en lo que se necesita para crecer realmente como persona y tener un rendimiento más alto.

Es vital, pues, ser consistentes, ser consecuentes. Yo necesito dinero, sigo cuentas que me aportan para tal fin. Pero hay gente, siguiendo con los ejemplos, más pendientes de las cuentas sobre futbol, sin que quieran ser futbolistas. Yo amo el futbol, pero sigo contadas cuentas de futbol porque ese no es mi interés, yo no voy a vivir del balón. Entonces, una cosa es lo que a mí me guste y otra cosa es lo que yo necesite. Ser consistentes: que mi hábito propenda por la consecución del objetivo. Eso es vital y a eso ayuda una clara mentalidad; quiero algo y actúo en consecuencia, eso es parte esencial de cultivar y tener una buena actitud.

Cuando eres capaz de vencer esa vocecita interior que te limita, que te paraliza, te conviertes en el capitán de tu vida y amo de tu destino.

En el capítulo 2 hablé de "Matilde", de esa voz interior que hay que combatir y silenciar porque siempre nos está torpedeando nuestros proyectos y sueños. Es la voz de los temores, de la educación que recibimos que nos cortaba las alas, es la voz de tantas vacas blancas y negras que son del montón y que se asustan al ver que alguien se diferencia y quiere cambiar su entorno a partir de su determinación. "Matilde", o como quieras llamarla en tu vida, está ahí y debemos desterrarla. Lograr eso es también cuestión de actitud.

Modificar las conductas o hábitos que te impiden ser rico tiene que ver con vencer esa voz que te dice: "Debes hacer esto porque siempre lo has hecho así, hazlo porque todos lo hacen así, no busques otra forma porque es más fácil de esta manera". Actitud es vencerte a ti mismo, hacer cosas que te den miedo, como caminar sobre el fuego; actitud es sentir y creer con toda firmeza que eres capaz de hacer muchísimo más de lo que ya lograste.

"¿Cómo que caminar sobre el fuego, Juan Diego?". Mi experiencia de transformación de vida, por medio de la PNL, me llevó a hacerlo, literalmente, cuando me enfrenté a esa prueba, y la foto de ese momento reposa en Twitter. Frente a mí tuve carbones a 800 °C y me lancé a pasar primero que todos, luego de avivar el fuego con alcohol industrial. ¿Por qué evoco ese momento? Porque Matilde apareció, y me dijo: "tú te quemaste trotando en una playa con un carbón encendido hace algunos años, ¿te quieres volver a quemar?". Matilde quería que me amilanara y me quedara atrás, que no avanzara, que no superara mis límites, que siguiera siendo igual.

Pero el premio, el botín, era muy grande. Tenía un *coach* en ese momento que me ayudó a superar esa prueba, con un buen entrenamiento previo, y me hizo ver que al llegar al otro lado me iba a sentir capaz de "comerme el mundo", una expresión que, como ya lo has visto, me gusta bastante y significa ser capaz de cualquier cosa, capaz de erradicar cualquier vestigio de miedo. Dicho y hecho: camino sobre el fuego, logro el objetivo y me siento Superman. ¿Y Matilde? Bien, gracias. No apareció por lado alguno. ¿Qué quiero que quede claro acá? Que somos gobernados en mayor o menor grado por esa vocecita interior, por esa voz limitante, y silenciarla es obligatorio con nuestra actitud.

Te hago esta pregunta: ¿has logrado ya lo que quieres en la vida? Con seguridad la respuesta es "no" y al analizar las razones para ello aparecerá como culpable esa vocecita que te ha frenado durante años a tomar los riesgos para reconfigurar tu entorno y tu realidad, para asumir otro lenguaje (recuerda lo que ya hablamos sobre el lenguaje y su importancia) y enunciar de otra manera tus sueños, tu "para qué" y tu proyección en la vida.

Es responsabilidad de cada quien si quiere ser rico o no, y de hacer más grande o erradicar a "Matilde". Llámala como quieras. Es la voz de los rótulos y de las lápidas que dicen "tengo miedo", "no me lo merezco", "esto no va a funcionar", "qué iba a esperar yo con semejante educación", "no puedo cambiar", "acá estoy bien", y así un sinnúmero de excusas. La siguiente es la pregunta concreta que debes hacerte: ¿es Matilde más grande que mis sueños? ¿Soy yo el capitán de ese barco en el cual está Matilde y ella es un mero polizón que lo deberá abandonar?

La conversación que has tenido contigo mismo sobre el porqué no has logrado lo que quieres es la razón que explica el porqué no lo has logrado. ¿La solución? Divorciarte de esa historia y construir una nueva. Y allí la actitud es la protagonista.

7

CÓMO EMPRENDER

Son muchas las personas que se aproximan a Invertir Mejor y a mis conferencias porque tienen el deseo de emprender su propio negocio. Sin embargo, puede ser que no tengan muy claro aún qué hacer o en ocasiones tienen las ideas para iniciar su empresa pero no tienen claros los pasos para lograrlo y ser exitosos.

Considero que el emprendedor tiene unas características que están en su ADN. Por ejemplo, usualmente es una persona de mucha iniciativa, con ideas y gran energía; una persona a la que le gustan los retos, es proclive a asumir riesgos y, como decimos coloquialmente, "echada para adelante". Sin embargo, la definición que a mí más me gusta de emprendedor es la siguiente: el emprendedor es la persona que ve una oportunidad donde muchos otros ven un problema; se apalanca con una situación para emprender, monta un negocio y lo vuelve exitoso.

No obstante, hay gente que dice que no nació para emprender; pero curiosamente, nunca se ha dado la oportunidad de hacerlo. ¿Cómo saben entonces esas personas que no nacieron para emprender? Han preferido trabajar, como la mayoría, en un empleo que no disfrutan, en el que ven poco a su familia y en el que les pagan mal, solo para poder cumplir con sus deudas y limitarse a *sobrevivir*. Esa no es la vida que quiero para ti y estoy seguro de que tampoco es la que tú deseas.

Por supuesto, también habrá muchas personas que han emprendido, que se lanzaron al ruedo, pero que se arrepienten de haberlo hecho en virtud de que encontraron una gran cantidad de obstáculos que les impidieron lograr lo que querían, prefiriendo desertar. Es comprensible, porque no siempre es un camino de rosas. Ya hemos visto que estas decisiones de vida, como la de querer ser ricos y cambiar nuestro presente financiero, requieren de gran determinación y voluntad. Implican entrar en un modo especial, en modo púrpura, en modo hervir, como lo he llamado, y eso no tiene marcha atrás. Vamos a dar sugerencias sobre cómo no morir en el intento, cómo no desfallecer en el camino de ser un emprendedor y cambiar el nivel de nuestros ingresos.

No se trata solo de tener una idea; ideas hay muchas. Se trata de una idea que te haga vibrar, una idea para sacar adelante y que hay que alimentar a diario. Es como una semilla que queremos ver germinar y que hay que regar y cuidar. También, esa idea hay que financiarla y, lo más importante, hay que defenderla.

Muchas personas piensan que la gran limitación de emprender radica en la falta de dinero, y esa no es la principal dificultad; lo más difícil es convivir con quienes te dicen: "eso no te va a funcionar, ¿para qué te vas a meter en ese proyecto?, eso te va a hacer perder dinero". Lo más triste es que muchas veces esos enemigos del emprendimiento son algunos de nuestros familiares, amigos y los mismos demonios que tiene en su mente el emprendedor.

Sostengo lo siguiente: si una persona no es capaz de vencer el escepticismo de su familia, si una persona no es capaz de vencer las dudas de sus amigos y, repito, los demonios internos que lo invitan a claudicar, la persona literalmente no es emprendedora. La mayoría de los procesos de emprendimiento que surgen no llegan a buen puerto, no son exitosos. Pero la pregunta que nos tenemos que hacer es: ¿nos vamos a dejar vencer por esas estadísticas, o como siempre lo digo, vamos a tratar de estar en ese porcentaje minoritario de la población que emprende y que sí tiene éxito?

Puedes pensar que naciste para ser empleado. Pero, por experiencia, te digo que la vida te pone a emprender y ya no te quieres devolver.

Hago un ejercicio cuando tengo sesiones personalizadas con los socios Púrpura, Gold y Élite de Invertir Mejor. Les digo lo siguiente: si yo pudiera financiarte un negocio, si te proveyera el capital, ¿qué negocio emprenderías? Pasan dos cosas. La primera es que dicen: "No se me ocurre alguno en particular, no tengo idea"; y la segunda es que la idea que tienen suele ser muy genérica y vaga. ¿Qué ganas con decir, "yo quiero empezar un proceso de emprendimiento que me permita tener una empresa que reduzca la contaminación"? Muy poco. No quiero decir que no sea importante la preocupación por reducir la contaminación, sino que es muy general y abstracta. Pero si yo te moldeo, te exijo, si hago de abogado del diablo, porque también se requiere de alguien que te cuestione, y te digo: "'Aterriza' más tu respuesta; vuélvela más específica", la mayoría duda y guarda silencio.

Es vital tener una idea que tenga que ver con lo que a uno le gusta, que tenga demanda en el medio y en la que puedas hacer mejor las cosas que los demás, pero repito: "aterrizarla" es esencial en un proceso de emprendimiento. No montes un negocio solo porque se te ocurrió una idea o crees haber tenido una inspiración. Es muy importante que lo disfrutes, claro, también que te apasione al punto de que solo pienses en eso, pero crea un equipo de trabajo que te haga preguntas, que cuestione ese "para qué" vas a hacerlo y también el "cómo" lo vas a hacer. Eso ayuda mucho en el proceso. "¿Cómo lo vas a financiar, de quién te vas a rodear, cuáles son tus ventajas para sacar ese proyecto adelante, ya analizaste la competencia, has visto todas las entidades que proveen ese mismo servicio?", son preguntas que llegan a la mente de las personas que realmente quieren aportar a su proyecto y que es bueno oír para reafirmar el camino que vas a comenzar.

Entonces, y siguiendo con el ejemplo anterior, crea la empresa que ayude a reducir la contaminación, o cualquiera que sea la idea que se te ocurra, pero ten claro "para qué" la estás creando. ¿Es para volverte millonario? No está mal, pero ya hemos mencionado la necesidad imperativa de tener razones trascendentes que motiven nuestras acciones, motivaciones Nivel 10, las más altas que puedas imaginar y que superan el hecho de tener mucho dinero. "Voy a crear una empresa que reducirá la contaminación ambiental para así generar mejores condiciones de salud en más personas de mi ciudad, por medio del uso de fuentes energéticas más limpias", y basado en eso, una mejor definición, con seguridad encontrarás los recursos financieros para poner en marcha tu negocio.

No puedo vivir sin motivaciones Nivel 10; son las que me permiten vivir haciendo lo que amo, mientras otros sobreviven haciendo lo que odian.

Hay personas que van de un lado al otro, sin rumbo, perdidas, hoy uno las ve desarrollando una actividad y en seis meses otra, y no progresan en ninguna. La razón es que cometieron los siguientes tres errores: primero, no hicieron lo que mejor saben hacer; segundo, no consultaron las necesidades del mercado: ¿la gente necesita tu producto, lo que tú vendes, produces o distribuyes? Y, tercero: ¿lo que tú haces lo sabes hacer mejor que los demás? Si te concentras en lo que mejor sabes hacer, en lo que más te gusta hacer y que la gente lo compre, se aminoran las probabilidades de fracasar.

Miremos por un momento una de las excusas más frecuentes de quien no emprende: la falta de dinero y recursos para iniciar. "No tengo dinero, ¿así cómo voy a poder comenzar mi negocio?". Peor aún, dice: "claro, mira a esa otra persona: como sí tenía dinero por haber nacido en cuna de plata, pudo crear su empresa, aunque mi idea siga siendo la mejor ". O se aferra a pretextos de otro estilo como: "no pude hacer mi empresa porque soy muy joven, soy muy viejo, soy mujer, tengo muchas obligaciones, soy feo, soy muy flaco, no conozco gente", y así un larguísimo etcétera de razones para ni siquiera comenzar a cambiar y luchar por sus sueños. Pero, eso sí, cuando ve a otras personas que lograron aumentar sus ingresos, las ve con resentimiento, envidia y hasta odio.

Volvamos al tema del dinero. Primero: en la actualidad se pueden conseguir tasas de interés más bajas para financiar tus proyectos que las que existieron años atrás, no solamente en la región, sino en el mundo. Segundo: hay cada vez más entidades encargadas de patrocinar procesos de emprendimiento; hay inversionistas ángeles en todo el planeta, personas que están dispuestas a aportar un capital, participar como socios de tu idea, de ese proyecto de emprendimiento y, en tal función, percibir unas utilidades futuras. Además, hay también fondos de capital de riesgo que te pueden apalancar tu proyecto. Considero que el obstáculo financiero es superable, siempre y cuando se tenga una idea, un buen equipo de trabajo y mucha tozudez, mucha perseverancia. Invertir Mejor, mi empresa, un exitoso proyecto de emprendimiento, no requirió de financiación bancaria ni de aportes de socios. Siempre tuve claro algo: si la idea es buena, el capital la busca; y el capital llegó. Bastaron unos pocos seminarios de inversiones por Internet para no expertos para conseguir los recursos que le permitieron a mi empresa ir creciendo. Como ya lo dijera ese célebre proverbio árabe: "quien quiere, encontrará un medio; quien no, una excusa".

Placer es lo que siento cuando veo a tantas personas progresar y volverse púrpuras. Las mismas en las que pocos creían, su familia incluida.

La pregunta que surge a continuación es ¿cómo puedo entonces generar ideas de negocios? Es posible que no tengas el capital por ahora, pero si tienes la idea y es tu pasión, el capital llegará; si por el contrario tienes el capital, pero no hay ideas, el capital se desvanecerá. Hay personas que me dicen: "a mí no se me ocurre ninguna idea, ¿cómo hago yo para ser mucho más creativo, para identificar ideas de negocios; en otras palabras, cómo hago yo para que se me prenda la lamparita, para que frote yo esa lámpara y salga el Aladino que todos llevamos dentro?".

Sobre esto, creo que la mayoría de las personas no se enfrentan a la urgencia como debieran y merced a ello no se les ocurre nada. ¿Cómo se les va a ocurrir algo, pregunto, si no tienen urgencia alguna que les invite a crear y buscar nuevas alternativas? En otras palabras, la comodidad es un atentado contra el progreso financiero, es un atentado contra la generación de ideas, es la cuota inicial para ser pobre y seguir anclado a un empleo que no disfrutamos. Hay algo fundamental, sobre todo para la gente joven, y es independizarse. Hay que dar el salto de vivir con los papás a vivir solos lo más rápido posible. Mientras más enfrentes la urgencia, mientras más renuncies a que todo te lo hagan, mientras más asumas responsabilidades, más vas a progresar desde el punto de vista financiero. Por supuesto, es muy importante compartir tiempo con la familia, disfrutarla, nada más edificante que eso, pero cuando permaneces tanto tiempo con ella, cuando hay tanta comodidad, cuando hay tanto temor a separarse, cuando quieres que te hagan todo, que te planchen la ropa, que te sirvan la comida caliente, que tu cama esté tendida y demás facilidades que tienes al vivir en la casa de tus padres, vas evitando responsabilidades a un precio alto. En otras palabras, aplazas tu progreso. El precio de la comodidad, el precio de la seguridad se llama la no consecución de riqueza. Lo diré mil veces. Una de las causas que propicia la no generación de ideas es que literalmente no las necesitamos, porque estamos en una zona de confort en la cual todo se nos hace, no hay ninguna exigencia, vamos "ahí", conforme con el *statu quo*, muy cómodos, pero, repito, al costo de dilatar nuestro éxito.

La zona de confort es muy pequeña como para que alguien se pueda hacer grande dentro de ella.

El primer proceso de emprendimiento exitoso que llevé a cabo, en 2004, lo hice, además de los ingresos por seminarios, con ahorros que fui consolidando como profesor universitario. Se podrán imaginar que fueron muy pequeños. Sin embargo, cuando la idea es buena los recursos llegan, como lo mencionaba. Si una idea es lo suficientemente atractiva no requiere de mucha infraestructura, de mucho capital ni de muchos costos fijos para que empiece a generar frutos en un corto plazo. De manera que yo pienso que el obstáculo del dinero tiene que ser superado y que no puede ser ni mucho menos algo que marchite la idea del emprendedor.

Vi una oportunidad muy clara. En ese entonces cada vez había más personas comprando una computadora personal y al mismo tiempo crecía la insatisfacción con las inversiones tradicionales: los CDT (certificados de depósito a término), los bonos, cuentas de ahorros y demás alternativas que ofrecían intereses muy bajos, ¿qué hice yo entonces?, juntar esas dos puntas, tendencias e insatisfacción, y les presenté a las personas cómo se podía invertir de una manera distinta, utilizando esa computadora que recién habían adquirido, pero que mantenían en el escritorio de su habitación, subutilizada y sin producir dólar alguno, como si fuera un florero. Surgió una necesidad y creé un producto que la satisfacía, ahí está la materia prima del emprendedor. El emprendedor no nació para quejarse, no nació para llorar, nació para vender pañuelos y que otros lloren. En el vender pañuelos es donde está el capital, no en la lágrima derramada.

Hay que analizar muchas cosas, por supuesto: el contexto y la necesidad que se quiere suplir, la competencia, su factor diferenciador, ese sello personal y por el que van a elegir tu producto o servicio en vez de otro. En particular, revisar lo que se llama el estado del arte cuando vas a montar tu negocio. Ver muy bien qué hay, no solamente qué está necesitando la población, sino quién satisface esas necesidades y de qué manera. A lo mejor a ti se te ocurre algo para crear un negocio, pero al mismo tiempo existen muchas empresas que producen o distribuyen eso mismo que tienes en mente y mucho mejor que tu plan. Hay que dar con el valor agregado, con ese plus que hará que te compren a ti y no a otro. Además de esto, doy estas sugerencias: la primera, no te llenes de costos fijos, mantenlos a raya, porque hay personas que empiezan sobredimensionadas, con una infraestructura muy grande, contratan mucho personal y montan oficinas inmensas y lujosas solo para ver cómo a los dos meses ya no van más. Quebraron. No te llenes de costos fijos, por favor.

A los participantes de mi seminario de libertad financiera y finanzas personales les digo: "No vengo aquí a decirles que tienen que montar un puesto de perros calientes, un concesionario de vehículos, una fábrica de lámparas o una estación de gasolina, lo que sea, no, no, no; eso no lo puedo imponer yo". Tú tienes que hallar aquello que te gusta hacer, eso que haces mejor que los demás y que sea una necesidad por satisfacer. Esa necesidad por satisfacer muchas veces proviene de la observación. ¿Qué estoy viendo en el mercado, en las redes sociales, para crear mi propio negocio, qué reclama la gente, qué necesitan las personas? Dicen que donde alguien ve un problema sin salida, el emprendedor ve una oportunidad de negocio. Y es cierto.

Sigue diciendo que es muy difícil conseguir dinero y lo volverás una realidad. Sigue diciendo que naciste para vivir en abundancia y así será.

Hay quienes también me dicen, como pretexto para no emprender, cosas como estas: "no se me ocurre nada" o "es que ya todo está inventado". A medida que converso con estas personas y voy indagando en sus hábitos cotidianos, lo primero que descubro es que no leen nada o leen lo mínimo, hablan con muy poca gente que haya progresado financieramente, no tienen buenos referentes, dedican su tiempo a ver programas irrelevantes en la televisión, no están suscritos a ninguna publicación exitosa y, por tanto, le están enviando mensajes muy poco útiles a su cerebro, todo ello sin contar que no saben cuál es su "para qué" o carecen de metas trascendentes o motivaciones Nivel 10. Así entiendo por qué son tan propensos a que no se les ocurra nada útil, y en tal virtud, a no sacar un negocio adelante, por ejemplo.

La segunda sugerencia es mirar que tu producto lo estén demandando, que veas que hay una necesidad sentida en el medio para ofrecerlo, que haya una ventaja de parte tuya para prestar un servicio mejor que otros. Una cosa es emprender para montar un negocio y otra cosa es emprender para ser autoempleado, que son dos cosas muy diferentes.

La tercera sugerencia es dar a conocer ese producto, ese servicio a la mayor cantidad de personas, y para ello apalancarse en esa maravilla que se llama Internet. Las personas necesitan ver lo que tú haces y prometes. Estamos ante una generación visual y que vive de lo viral. No escribas tanto; muestra. Todo es muy visual por falta de tiempo. El consumo de videos está creciendo y mientras que un mensaje de texto lo ve una persona, el de texto y con foto lo ven muchas más. Que tu producto hable cuando lo vean; si es un servicio, que los testimonios y resultados hablen por él. "No tengo un producto para vender". Quizás estás equivocado: tú eres uno, recuérdalo.

Las personas necesitan que tu negocio esté en Internet, pues es ahí donde buscan, compran y donde se la pasan buena parte del día. ¿A cuántos les llega el producto que vendes; está tu negocio en Internet? ¿Estás tú en Internet o solo tienes correo electrónico? Ya no puedes decir que no te gusta vender; si no vendes, no comes; si no comes, te mueres.

¿Cómo desarrollo una idea de negocios?
Tres preguntas en detalle

» *Qué me gusta hacer.* No te concentres en lo que careces para poner un negocio, sino en lo que tienes para ponerlo. No me digas qué no te gusta; di mejor qué te mueve, qué te apasiona. Las fortalezas deben relacionarse con el "para qué" viniste a este mundo, y en ello debes invertir.

» *Qué hago mejor que los demás.* Averigua el estado del arte. Pregúntale al doctor Google quién hace lo que tú quieres hacer, cómo lo hace, e imprime tu sello y ponle un moño bien bonito. El empaque, como lo decía Steve Jobs, sí que importa

» *Qué necesidad hay por satisfacer.* Las personas necesitan que les ahorres tiempo y que les mejores la calidad de vida; todo lo que le facilite la vida al comprador no dudes en hacerlo. ¿Por qué el teléfono móvil ha sido un éxito en ventas en las últimas décadas? Porque nos facilita la vida. El teléfono hoy me permite pagar un servicio público, comunicarme por medio de WhatsApp con todo mi equipo de trabajo y comprar el principal índice bursátil de acciones alemanas sin moverme de mi casa u oficina. Hay más teléfonos móviles que personas en el mundo. No tienes que montarle la competencia a Apple o a Samsung; solo incorporar la esencia de lo que te digo a tu negocio.

Y cuarta sugerencia: un punto muy importante en materia de procesos de emprendimiento es rodearse de un buen equipo de trabajo. Quiero detenerme un momento en este aspecto clave porque el emprendedor necesita gente que vaya por el mismo camino que él va. Es una especie de autocrítica que he ido tratando de superar con el tiempo. Para mí era muy difícil delegar; si pensamos en el futbol, se podría decir que yo era de los tipos que cobraba el tiro de esquina y quería irlo a cabecear. Era mensajero, gerente general, gerente financiero, auxiliar, además de generador de los contenidos de Invertir Mejor en las redes sociales y fuera de eso promotor y ejecutivo comercial. Todo lo hacía yo y eso es un error grandísimo, porque por más pasión que tengas por lo que haces, el día seguirá teniendo solo veinticuatro horas y debemos aceptar que no nos las sabemos todas.

> **Tu mentalidad y hábitos definen tu patrimonio. Un buen hábito es rodearte de personas que se sumen a lo que quieres, y evitar a la gente tóxica.**

Hay que delegar, hay que crear un equipo de varias disciplinas: que uno por ejemplo sea fuerte en programación, otro en diseño, uno más en la parte contable y tributaria, otro en redes sociales y en el área comercial, para que así te dediques a lo que realmente puedes hacer mejor que los demás; si te concentras en aquella actividad en la cual realmente produces valor, y así mismo permites que otros se dediquen a lo que hacen mejor, estarás multiplicando los ingresos y por tanto tu negocio va a ser mucho más exitoso.

Tu equipo de trabajo te va a permitir clonarte virtualmente. ¿Qué significa eso? Tener tus productos en Internet. La generación de ingresos de un emprendedor no puede requerir de su presencia física siempre; te podrás enfermar, te querrás ir de vacaciones o descansar en un momento de tu vida. ¿Hay un equipo que haga lo que tú haces cuando tú no estés? Evita lo que le ocurre a muchas empresas, en las que muere la cabeza y muere el negocio. Es vital ese equipo interdisciplinario que, repito, complemente lo que tú no sabes hacer y te permita clonarte, estar en Internet y así lograr que la generación de ingresos sea automática. Eso es esencial para un emprendedor. Tú no lo puedes ni lo debes hacer todo.

Con ello estás venciendo otra barrera que algunos aspirantes a emprendedores ven como motivo para desistir: el tiempo. Primero decían que no tenían el dinero; luego dicen que no tienen el tiempo para desarrollar su negocio, ya sea porque están empleados y les da pánico abandonar la comodidad de recibir su salario mensual como por verse obligados a invertir sus horas de descanso en potenciar su emprendimiento. Si te clonas virtualmente y mantienes ese hábito, el tiempo se irá convirtiendo en un aliado, porque incluso mientras duermes o te dedicas a otras actividades, la tecnología está haciendo el trabajo por ti. Así ocurre en mi empresa. Es necesario disfrutar lo que se hace, pero siempre estar focalizado en que el dinero y la tecnología tienen que trabajar más duro que uno. No trabajar para conseguir más dinero, sino llegar al punto en que este trabaje por sí mismo y genere más dinero sin que ello signifique doblar o triplicar el tiempo que dedicamos a trabajar. Si uno siempre está pensando que tiene que trabajar más duro cada vez, sin que el dinero y la tecnología lo hagan paralelamente, está trabajando para recibir un pago y no los *ingresos pasivos* de los que ya hemos hablado.

Considero indispensable para estimular la genialidad y la creatividad de las personas con las que trabajes pagar con base en resultados. La persona promedio es conformista, es cómoda. Pagar en función de lo que producen desarrolla el sentido de la urgencia y tus empleados te demostrarán de qué están hechos. Al exigirles, los estimulas para que den lo mejor de sí, para que sean cada vez más inteligentes, y estoy seguro de que van a tener mucha más creatividad al servicio de una causa.

Olvídate del salario. La obsesión financiera de las vacas púrpuras son los ingresos pasivos.

Una anotación final necesaria en este punto: es importante delegar, pero hacerlo con un equipo de trabajo que comulgue con tu pensamiento e ideales, que acompañe tu visión; en Invertir Mejor somos particularmente rigurosos para contratar a la gente y a la psicóloga que la entrevista le decimos que tenga en cuenta unas cualidades que debemos preservar. Una de ellas es que requerimos personas con muchísima energía y pasión por lo que hacen, alguien que tenga por *hobby* dormir no puede trabajar en nuestro equipo. Así pues, el emprendedor debe pensar en gente que vibre y se motive tanto como él con la idea original y las que surjan, pero que tengan ellas mismos muchas motivaciones personales y urgencias para crear más y más ingresos para sí mismas.

Si tú eres muy bueno en lo que haces y estás en el equipo de un emprendimiento nuevo, no tienes que temer a que se te pague con base en resultados. Cuando alguien no confía en lo que hace siempre prefiere ser remunerado por horas de trabajo, mientras que si confía en lo que hace y además siente esa pasión por las ideas nuevas, sabe que puede marcar la diferencia frente a otros empleados. La presión alta transforma el carbón en diamante; el buen empleado, como el buen inversionista, es como el oro: se aquilata al fuego. Evita los trabajos en los que no tengas presión si quieres progresar realmente en la vida, lo digo de manera respetuosa. Y si vas a tener empleados, que compartan ese ímpetu contigo.

Recuerda que emprender y ser financieramente independiente tendrá más sentido si impactas favorablemente a millones de personas; te aseguro que así también serán muchos más los millones que lleguen a tu bolsillo.

8

LOS ESTADOS DE ÁNIMO Y LA RIQUEZA: EL HÁBITO DEL MODO HERVIR

El estado en el que nos encontramos determina nuestros resultados. Los seres humanos somos un mar de emociones, sentimientos y estados de ánimo que cambian según las circunstancias. Esto influye en la riqueza y en nuestra inclinación a conseguirla. El estado de ánimo controla la calidad de tu vida. Los socios de Invertir Mejor y quienes han asistido a nuestros seminarios y conferencias saben que amo el modo hervir, como denomino a la energía que me mueve todo el tiempo, que ha sido, es y espero que sea mi estado de ánimo predominante. En modo hervir cocino las mejores decisiones de mi vida; en modo hervir me encuentro más inspirado y propenso a desarrollar ideas, tuits y mensajes exitosos; en modo hervir también me enfermo menos, atraigo más abundancia y me transformo en un imán.

Quiero que las personas, todos los días, vean con optimismo el futuro, se sientan plenas, llenas de energía, con la actitud, el lenguaje y la mentalidad para comerse el mundo y cumplir sus sueños; ese es el modo hervir; esa es la vida de un púrpura. No obstante, hay personas que aunque les llama la atención ese estado, casi espiritual, me dicen: "es muy fácil hablar de modo hervir, Juan Diego; sin embargo, con tantos problemas que tengo o con este pasado tan difícil que he vivido o con esta realidad tan com-

pleja que presento, ¿cómo voy a estar en modo hervir?".
Vamos a dar algunas ideas claves para convertirse en rico,
en alguien próspero en todo sentido.

Quiero mostrar cómo un estado de emoción, de felicidad, de optimismo, de energía, determina tus resultados.
Una energía baja es la fuente principal de las enfermedades, punto número uno. Punto número dos, estando
deprimido, ¿qué se te va a ocurrir?, ¿conoces a algún emprendedor deprimido? Hasta ahora no he conocido a la primera persona que me cuente que estando en ese estado se
le vino a la mente hacer esta o aquella empresa, iniciar un
nuevo negocio o invertir en algo interesante y rentable. No,
no, no, a una persona deprimida, por el contrario, hay que
ayudarla, hay que cambiarle su estado, pero estando deprimido no se nos ocurre nada importante.

Entonces, cuando tú haces o dejas de hacer cosas, eso
tiene que ver con el estado en el cual te encuentras. Un
estado púrpura, un estado de modo hervir, un estado de
positivismo, de energía, repito, hace que lleves a cabo muchas actividades: que saltes, brinques, que te muevas, que
quieras iniciar nuevos proyectos. Pero un estado de energía baja o "modo nevera" como lo he bautizado, un estado
de ánimo de "Dios me lleve, Dios me traiga", de "sigo ahí,
regular, para no preocuparlo", se percibe a la distancia y
no es conveniente; es un estado que actúa como repelente; aleja a la gente, no te quieren. Piensa en lo siguiente:
¿Qué sientes cuando una persona común, no un familiar
ni tu mejor amigo, te empieza a hablar de enfermedades
y problemas, de lo cansado o triste que se encuentra? No
vemos la hora de salir de ahí, de irnos de allí, y si la educación y modales no nos lo prohibieran, le diríamos: "Me

importa un carajo, deja ya de quejarte, que muchos con más problemas de los que tienes no se quejan y sin embargo progresan". No le cuentes tus problemas a cualquiera; a algunos no les importan, a otros les gustará que los tengas y a otros más les producirás desconfianza. ¿Quieres caer en este estado, en el que en vez de irradiar energía solo produces que te eviten? Estoy seguro de que no, de lo contrario no estarías leyendo este libro.

"¿Y cómo cambio mi estado de ánimo, Juan Diego? ¿Cómo migro al modo hervir para que muchas cosas buenas me pasen?". Pongamos desde ya entonces, y para empezar, el peor de los escenarios: una persona se encuentra mal, su estado de ánimo está por el piso, depresión total. Hay tres sugerencias concretas para cambiar el estado en que nos encontramos y son el lenguaje, el enfoque y la fisiología o lenguaje corporal. Expliquemos cada una de manera práctica.

» **Lenguaje.** Muchas de la personas que estamos en modo hervir tenemos un lenguaje ganador, incluso hay palabras que no usamos en el día a día; por el contrario, cuando una persona está sin ánimo, con mínima energía, la oyes hablar y ya encuentras que parte de su bajo estado, emocionalmente hablando, gravita alrededor de las pobres palabras que emplea. Son personas que hablan mucho de fracaso, de que la situación está muy difícil, de las enfermedades que ha padecido en el último año, del costo de la vida, de las deudas que tiene, de que su esposo o esposa no le habla, de que el perro no ladra, suficiente ilustración. Es más, el tono con el que hablan es un tono muy pobre, débil, perdedor. Ya se entiende entonces por qué están así. El lenguaje es determinante; las palabras y el tono inciden en nuestro futuro.

» **Enfoque.** Hay una frase muy simple, repetida hasta la saciedad: "vemos el vaso medio lleno o lo vemos medio vacío". He oído a personas que dicen, "mi vida es una tragedia", ante lo cual digo: recompón tu contexto. Si ha sido tan difícil tu vida, pero aún vives, ¿por qué no aprovechar esa tragedia, como tú la llamas, para enseñarles a muchas personas que pueden estar en las mismas circunstancias, cómo superarlas y salir a flote? Seguro que no lo habías pensado así, ni eras consciente del as que tenías bajo la manga para prosperar. Las historias construyen la película de tu vida. Lo que tú superas, tus experiencias y vivencias no son solo para recordar, son también para compartir, y para vender. Así como lo lees. ¿O es que acaso no te interesa que alguien te diga cómo conseguir lo que tú necesitas, o cómo superar las dificultades que hoy vives? Cambiar de enfoque es la manera como yo puedo ver las cosas con otro prisma y recomponer mi estado; ver ahora el vaso medio lleno, cuando antes solo lo veía medio vacío.

» **Fisiología o lenguaje corporal.** Sobre esto existen unas cifras contundentes: el 7 por ciento de tu lenguaje, de tu mensaje, son las palabras; el 38 por ciento es el tono de ellas y el 55 por ciento de tu comunicación es la fisiología, como ya lo sabes. Qué tanto sonríes, qué tan alto llevas los hombros, cómo miras, cómo mueves las manos; hay personas con una actitud tal que nos dejan perplejos, sin palabras. Son de hierro, positivos, evolucionados. Yo quiero conocer a esas personas. En cambio, hay otras personas que son como "bultos de sal": negativas, tanto que decimos "ni me las presenten, que ya hubo un corto circuito; sentí una energía horrible, si las toco me vuelvo pobre". ¿Te suena? Quizás hasta te pase por la cabeza una de ellas. La fisiología es muy importante. Fíjate por ejemplo en cómo alguien aprieta tu mano cuando te conoce; cómo camina. Una persona que camina con los hombros hacia abajo y mirando hacia el piso, ya está hablando de sí misma y de sus expectativas. Hay personas que ingresan a mi oficina para las sesiones personalizadas y, ¡ojo a lo que le voy a decir!, antes de sentarse hago un escaneo inicial, tras lo cual pregunto si me permiten decirles cómo son. "¿Y cómo, Juan Diego, si ni siquiera me conoces?", me preguntan, "si apenas acabo de llegar y no hemos empezado a hablar". Ante esto, les digo que es posible que me equivoque, pero que puedo señalar sus virtudes y defectos con alto grado de precisión. Y empiezo a decirles, sin tapujo, qué impresión me dieron. Es increíble la sorpresa que se llevan cuando describo con gran puntería cosas que creían muy personales y poco evidentes. Me miran como traspasándome el cerebro y preguntan: "¿Cómo sabes que soy así?". No soy un vidente. Lo que ocurre es que si, por ejemplo, me dan la mano débilmente, miran hacia abajo y además hablan tan suavemente que ni las oigo, ya están hablando y enviando un mensaje, que por cierto no coincide con el que quieren y necesitan dar. Cuidado con eso. Otra cosa muy diferente ocurre cuando veo gente segura, que mira a los ojos, que sonríe abiertamente, que se preocupa por la manera en que se viste, que camina con orgullo y sin temores; gente que lleva fuego adentro.

Con seguridad muchas personas insistirán en que sus vidas están llenas de problemas y que por lo tanto no pueden ser felices. Que cómo van a mejorar su estado con lo pesada que resulta su existencia. No hay, sin embargo, una relación directa entre problemas y felicidad. Hay muchas personas que tienen muchos problemas y son felices, y hay otras personas que no tienen problemas pero son infelices, es más, tienen una capacidad única para inventarse problemas, para crearse realidades difíciles y eso no debería ser así.

Adicionalmente me dicen, "¿cómo no voy a estar deprimido con todos los problemas que tengo?". Pregúntate lo siguiente: ¿estando deprimido los va a solucionar? La respuesta es no. Entonces pienso con firmeza que esa energía, esa actitud, ese modo de hervir, esas ganas de volar tienen por consecuencia que tu realidad cambie. Si cambia lo que eres, cambia lo que haces. ¿Cómo cambiar lo que eres? No solo se logra con enviarte más información al cerebro, ni viviendo solo experiencias emocionales, sino también manteniendo un estado de energía alto, un estado emocional siempre *mejor*, que atraiga, que convoque, provocador e irresistible. Tú no eres lo que haces en la vida; eres lo que despiertas en los demás. Hay personas que son energía pura, ambulante, que uno quiere tocar para que se le pegue algo, y sabemos que hay otras que no atraen sino cosas malas, merced a la baja energía que manejan.

Compórtate desde ya como lo que serás; no esperes a serlo. Te será útil.

Una recomendación práctica para mantener el estado de ánimo arriba: desintoxicarse de las malas noticias. Nos preocupamos mucho por lo que comemos porque queremos vernos bien; preocúpate también por lo que oyes, por lo que lees, por lo que ves, por lo que hablas, para cambiar tu estado. Hace varios años dejé de ver los tradicionales noticieros de televisión, que más parecen informativos judiciales. Solo hablan de robos, violaciones, secuestros, extorsiones. Terminabas de verlos y te sentías abatido y desesperanzado. Te querían mostrar una realidad parcial como total, una realidad a medias, seguramente porque las buenas noticias no venden tanto. Dejé de verlos; ese tiempo lo dedico a leer, meditar, oír buena música, hacer deporte o estar en familia. Nada de tóxicos. Aléjate de mí, Satanás.

Recuerda entonces las tres cosas clave para cambiar un estado: lenguaje, enfoque y fisiología. Y como costumbre saludable, evita al máximo las malas noticias y las personas tóxicas. Un pesimista que ha sido incapaz de cumplir sus sueños, no será el mejor consejero para que logres cumplir los tuyos, así que mantente en lo posible al margen de ellos.

A veces con ciertas personas opto por el silencio y la distancia y me preguntan: "¿por qué estás tan callado?", y les digo: estoy "esperando a que cambiemos de tema". "¿Supiste que despidieron a aquel, te enteraste que se murió aquella, supiste a quién le encontraron una enfermedad terminal?", y yo les digo: "¿cuándo me vas a traer una noticia buena, cuándo vas a hablar de las posibilidades que hay, cuándo vas a ver el vaso medio lleno?". Puede ser incluso que eso te ocurra con seres cercanos, pero para ser ricos necesitamos otro tipo de mensajes. Queremos a nuestra familia, pero si solo nos hablan de cosas negativas, tenemos que elegir entre si queremos eso (pobreza) o si preferimos la inspiración y la interacción con personas que compartan nuestros sueños, que apunten hacia lo mismo, que tengan objetivos grandes, nobles, trascendentes e inspiradores.

De igual forma, cuando alguien te dice que las cosas están muy difíciles y que no hay futuro por ningún lado porque así lo han visto en la televisión, haz oídos sordos y opta por pensar en que tu presente y tu futuro son una nueva oportunidad en cada momento. Que sin importar cómo está un país y su economía, el destino lo forjas tú con tu actitud y tu talento. Cuando decidí evitar las noticias en televisión y radio, comencé a tener más conversaciones con personas que me aportaran su buena energía y conocimientos, reacomodé mi entorno y seguí dando saltos cuánticos.

"¿Cómo dar saltos cuánticos, Juan Diego?". Vive experiencias cuánticas, como leer libros y conocer personas extraordinarias. Que tú digas: ¡Guau!

Las experiencias emocionales son las que producen los cambios más profundos y duraderos. Puedo decirte algo: dedícale más tiempo a tu familia, que en cualquier momento verás partir a un ser querido: tu mamá, tu papá, qué se yo, y tal vez sientas que de verdad nuestro tiempo en este mundo es muy corto y que ellos necesitan más de tu presencia; pero al día siguiente quizá lo olvidarás y seguirá siendo poco lo que compartas con ellos. En cambio, si yo te digo: "tu mamá está en cuidados intensivos y debes irte ya para la clínica", con seguridad no lo dudarás, saldrás de inmediato a visitarla, y al estar junto a ella, con la incertidumbre real de que tal vez nunca más la vuelvas a ver, sí que cambiará tu actitud, y si sobrevive, le seguirás dedicando mucho más tiempo. La reacción es completamente diferente y, lo más importante, lo que harás de ahora en adelante. Esa es la diferencia entre una experiencia racional: más información, y una emocional: vivir y sentir.

¿Por qué las experiencias emocionales tienen mayor impacto que las racionales? Porque en el primer ejemplo, con la información que tenemos, no se convierte en prioritario lo que ocurra con mi familia. En cambio, en el segundo caso hay un choque emocional muy fuerte, que fija de inmediato la urgencia de seguirle dedicando más tiempo a la mamá, pues ya VIVISTE que en cualquier momento se te va.

Aprovechemos para recordar otro aspecto que tiene que ver con lo bueno o lo malo con lo que nos rodeamos. Si verdaderamente quieres ser rico y cambiar tus hábitos financieros, piensa muy bien de quién te rodeas. Quienes tienen una mentalidad débil difícilmente serán ricos, y si sus amigos son pobres y no quieren dejar de serlo, seguro les facilitarán seguirla teniendo. No quiero decir que dejes a tus amigos o que los elijas por cuánto tienen en sus bolsillos, pero sí sería muy útil que tengan aspiraciones de progreso, mentalidad de abundancia y que compartan sueños contigo, por lo menos la mayoría de ellos o como mínimo con los que más convives. Se ha comprobado que el ingreso de una persona es similar al promedio de los ingresos de sus cinco amigos más cercanos. Por lo tanto, si estos cinco son pobres de mentalidad e ingreso, corres el riesgo de contagiarte de ellos y de su falta de aspiraciones, de una energía lamentable, de un vuelo bajo cuando tú lo que quieres es volar muy alto.

Para mí, las cosas materiales sí importan. Espero lograr con este libro hacerte ver la conexión existente entre el estado de ánimo, la mentalidad ganadora y las cosas que consigues. Por tener lujos no somos ni mejores ni peores personas, eso está claro, pero lo siguiente también está claro: la buena vida es la buena vida, la mala vida no es vida. Nosotros no vinimos a este mundo a sobrevivir, vinimos a vivir y, no me refiero al lujo solamente que pasa por la ropa, las joyas, los viajes o los carros. Significa también dar el mejor colegio a los hijos, la opción de que ingresen a las mejores universidades, que tengan el mejor seguro de vida, el más completo plan de salud. A eso me refiero también con vivir y no sobrevivir.

Cómo puede alguien volverse millonario, si cuando le pregunto por lo que opina del dinero, me dice: "Es un mal necesario".

Cuando compramos lujos nos enviamos un mensaje: si yo compré ese lujo, le estoy diciendo al universo que tendré con qué pagarlo, y me lo merezco; cuando me abstengo de comprarlo, otro es el mensaje: eso es para otros, no puedo acceder a esa compra y difícilmente tendré el dinero para pagarla. Son dos sentimientos opuestos: merecer o no merecer, y surgen de estados de ánimo diferentes. Lo que yo quiero para ti es que vivas la vida de las minorías, que son las que más ingresos ganan (recuerda: el diez por ciento de la población mundial tiene para sí el noventa por ciento de la riqueza), que dejes de seguir comprando imitaciones o cosas falsas y que te des verdaderos lujos, para los cuales naciste, y no dudes de ello.

He sido siempre de la siguiente corriente: uno no puede esperar a reencarnarse para darse gustos; hay que pensar en que estamos viviendo la única vida que vamos a vivir, y en consecuencia, vivirla a fondo. Hoy no tengo el dinero, pero el día de hoy se acaba en pocas horas, mañana será otro día y el mensaje que te estás enviando es: "necesito recursos para pagar ese lujo que me acabo de dar", y esto empieza a funcionar: las ideas afloran y los negocios llegan. Pero si me abstengo de hacer compra alguna, porque "eso no es para mí, eso es para otros", ¿qué mensaje me envío? Un mensaje de miedo y de vaca blanca; me quedo quieto, paralizado, no hago compra alguna. No estoy haciendo acá una apología del derroche, porque tampoco se trata de esto. Estoy haciendo una exaltación de que hay una diferencia muy grande entre vivir la vida y sobrevivirla, como ya lo mencioné, entre comprar lo que nos merecemos o comprar lo que nos toca.

Mentalidad de pobre + lecturas de pobre + ningún amigo rico = modo pobre.

Si la motivación es fuerte, como hemos visto ya, no hay excusa que valga. Hay dos formas de acceder a esos lujos para que hablemos en términos concretos: la primera es crear activos. Que tu negocio, o sea lo que mejor haces en la vida y donde estés explotando tus talentos al máximo, pague los lujos. Eso lo podemos enunciar también como construir un activo o una serie de activos que paguen mis lujos, con lo cual ya no me interesará comprar ese carro de menor gama porque es el que puedo comprar en ese momento, sino el carro de mis sueños, el que me brinda una sensación de placer al conducir; que me hace levitar y sentirme vivo. También, ya no serán trapos o telas los que nos pongamos encima para cubrirnos el cuerpo, sino que nos vestiremos como nos gusta, con las mejores marcas y de alta calidad. Si los ves así, cambia completamente todo. No se trata de que seas mejor o peor persona en virtud de los activos que tengas, pero qué placer poderte dar los lujos que quieras.

La programación mental es determinante, cómo me vendo yo las ideas, cómo asimilo la información que hará que mi vida cambie no solamente desde el punto de vista del dinero, sino desde el punto de vista de la mentalidad, espiritualidad e inteligencia emocional. Esa programación mental tiene que ver, por supuesto, con todos los temas de PNL y de cómo somos capaces de transformar nuestra realidad a partir de lo que pensemos.

He conocido gente que me confiesa que guarda por los ricos profundos resentimientos e incluso odio, con lo fuerte y negativa que es esta emoción. Por un lado, quieren ser ricos y educarse financieramente para tener más ingresos, pero, por otro, desprecian a los ricos y si ven pasar a alguno frente a ellos, comienzan a tener en su mente una interminable lista de insultos y adjetivos poco agradables hacia esa persona. A ver, ¿tú odias a los ricos porque eres pobre? o ¿eres pobre porque odias a los ricos? ¿Cómo vas a lograr ser algo que odias? Si ves pasar un Ferrari o cualquier carro lujoso, ¿piensas en toda suerte de insultos o te dices a ti mismo: "Tendré un carro como ese"? Es una lectura muy diferente del mismo hecho. Entonces, si yo me lleno de resentimientos y critico aquello que en el fondo estoy buscando, nunca lo voy alcanzar, ya que me estoy saboteando todo el tiempo. Debes, por el contrario, abrazar ese deseo para que se haga realidad y tener toda la energía y estados de ánimo positivos para construir tu camino hacia esa meta. A mayor determinación, mayor grado de merecimiento y mayor la recompensa.

Todo lo que hemos visto tiene que ver con la esencia del "para qué" de tus acciones. El motivo trascendental que te impulsa a buscar nuevos y mayores ingresos, tus motivaciones Nivel 10, son fruto, y solo pueden serlo, de estados de ánimo enérgicos, de tu optimismo y convicción de que alcanzarás tus sueños. Cuando tú hables del propósito de tu vida, de lo más importante de tu existencia, por encima incluso de tu vida misma, tienes que mostrar sangre en el ojo, fuego, pólvora en tus intestinos, porque en la medida en que tú hables como debe ser, lograrás lo que quieres ser.

Si por el contrario muestras duda, vacilación o titubeo en un tema tan trascendental, ese no es tu "para qué". No todos tienen que encontrar el "para qué" rápidamente en la vida; pero cuando creas haberlo encontrado haz el siguiente ejercicio: habla con tu pareja, o con un familiar cercano, y dile: "me vas a escuchar treinta segundos, te voy a hablar de mi 'para qué', pues considero haberlo encontrado" y empieza a hablar. Al final pregunta: "¿cómo me viste?". Si tu pareja dice que vio magia, que se contagió del entusiasmo, de la motivación y de la fuerza que le imprimiste, no hay duda, ese es tu "para qué" y vas por buen camino. Pero si dudas de tu propósito, eso se refleja en el lenguaje que empleas, en tu fisiología, en tu tono de voz, en todo. Si lo que crees que es tu "para qué" no te emociona y no te saca del modo nevera en el que tal vez has vivido mucho tiempo, detente y piénsalo otra vez.

Quiero que la foto que el universo te tome transmita toda la energía y entusiasmo de un "para qué" trascendente y feliz, emocionante, que contagie a todos con tu propio modo hervir y les dé más y más bríos para trazar metas más desafiantes. No olvides que por mucho que estés haciendo grandes cosas, algún día esas cosas se verán pequeñas. ¡Ojo!, no te quedes a mitad de camino; muchas veces creemos estar haciendo cosas muy grandes y con el tiempo nuevos hechos las eclipsan. ¿Qué te estoy enviando como mensaje? Que seas inconforme hasta la muerte. Mira con quién te comparas; hay personas que se creen ricas porque ganan mil dólares, pero solo porque todos en su vecindario ganan cien. Tú eres el dueño de tu destino y apalancándote en una buena actitud, estados de ánimo positivos y mentalidad optimista, cada día obtendrás más méritos en tu camino hacia la abundancia y la prosperidad.

9

LA ENERGÍA, TU EDAD Y LA RIQUEZA

La energía no es un tema esotérico, mágico o de superstición. La energía tiene que ver con la actitud y la mentalidad y es independiente de la edad. Hay viejos de 20 años y jóvenes de 70. Cuando a mí me preguntan qué edad tengo, respondo "no sé". Y no lo sé por una razón: no me importan tanto los años vividos, pero sí los años que tengo por vivir y que por cierto desconozco. Además, durante las distintas horas del día, tengo diferentes edades. Tengo setenta años cuando doy consejos, veinticinco cuando emprendo y diez cuando juego con mis hijos.

¿Qué quiere decir esto? Simple: quien dice que solo tiene determinada edad, se niega posibilidades. Por supuesto que todos tenemos una fecha de nacimiento y por tanto habremos vivido equis cantidad de años. Sin embargo, cuando digo que alguien se niega posibilidades me refiero a que por lo general las personas creen que por haber vivido unos años ya no pueden ni deben hacer ciertas cosas. Nada más falso. La edad es un estado mental.

Hay personas a las que tú les dices, por poner un ejemplo: "salta, grita, canta, baila, ponte un zapato rojo y otro verde y vete así a trabajar"... Y contestan muy serias y extrañadas: "No, Juan Diego, eso no lo hace alguien de mi edad, eso está bien para alguien menor, pero yo a mis cuarenta y cinco años no voy a ponerme en esas". Le temen al ridículo, le temen al qué dirán, le temen al saber qué pasa si hacen cosas distintas; les angustia la incomodidad y quizá tengan miedo. Esos temores son los frenos a nuestra vida y a nuestra realización; y, por supuesto, son los que retrasan nuestro camino a la riqueza. Y valga la pena decir que los seres humanos no solo se limitan con la edad. También con su forma de ser. Cuando les preguntan cómo son, suelen decir que son serios o extrovertidos, arriesgados o temerosos, pacientes o impacientes, y mucho más. Cuando, de nuevo, a mí me preguntan cómo soy, digo: no sé, depende. Puedo ser serio resolviendo un problema, pero esa seriedad no me sirve en una discoteca; puedo ser elegante llevando en la solapa de mi chaqueta un fino pañuelo de seda, pero esa misma elegancia no me sirve de nada en una playa; puedo ser racional y reflexivo al meditar, pero pasional y explosivo en una conferencia. ¿Sí ves, amable lector, por qué me cuesta definirme? Todo depende de las circunstancias. Definirnos de manera rígida también nos quita posibilidades.

Por su parte, quienes dicen tener solo una edad son por lo general personas cuya mentalidad se ha ido estancando, se va tornando fija, como congelada en el tiempo; piensan que tienen solo equis años y que por lo tanto solo pueden comportarse de cierta forma; se limitan a sí mismas y es ahí cuando envejecen. Dicen: "es que yo ya cumplí", "es que yo no tengo nada más por hacer", "es que a mi edad no da para más"; además de manejar un lenguaje pobre, tienen una energía muy baja.

¿Cuál es mi sugerencia sobre este punto? Cuando te pregunten por tu edad o pienses en ella, vela como algo mental. Si te están preguntando cuántos años tienes, contesta: "Depende del momento que estoy viviendo", "Depende de la actividad que esté desarrollando".

Supongamos que vemos a un hombre de sesenta o setenta años caminando por la calle y de la mano con una mujer más joven, digamos de unos veinticinco o treinta años. Lo primero que se nos viene a la mente es juzgarlo y ponerle una etiqueta de "viejo verde". El común de la gente diría que ya ese hombre debería estar haciendo otras cosas y por tanto no tiene el derecho de tener una novia mucho menor que él. ¿Por qué? Porque a eso nos hemos acostumbrado, a rotular y a juzgar, a enterrar en vida a la gente, a decir que como algo siempre ha sido así, pues así deberá seguir siendo. Yo lo veo distinto.

Empecemos por el hecho de que para mí una persona que tiene sesenta o setenta años sigue siendo alguien muy joven. Y segundo, ¿quién es uno para juzgar? Juzgar es de las "inversiones" más pobres que hay en la vida; una tan mala, que no mejora ni al que juzga ni al juzgado. El que juzga es mezquino y su odio e ignorancia lo corroen; y el juzgado ni se da cuenta de que alguien lo juzga. En un momento de mi vida tuve una espada muy afilada para juzgar y rotular a la gente. Con la sabiduría que van dando los años, te recomiendo tajantemente: no juzgues; es, reitero, una mala inversión; un hábito de pobres.

Pensemos que las posibilidades para crecer son inmensas, infinitas. Dejemos de criticar tanto y concentrémonos en la energía, en hacernos vitales, en fortalecer nuestra mentalidad a diario y no en comportarnos según como se nos ha dicho que se comporta una persona de una o de otra edad. Critiquemos menos y concibamos la vida de una manera más optimista y abierta a las posibilidades. Eso forma parte del modo hervir que tanto me gusta, un modo vital y tolerante. No te rotules a ti mismo porque te estás quitando opciones; no te pongas una lápida al cuello. Recuerda lo que ya hemos visto y es la enorme capacidad de los seres humanos para cambiar y siempre mejorar.

La gran ventaja que tienen las mayorías es que si le restan a su edad los años que han *sobrevivido*, quedan muy jóvenes.

Hay un referente internacional que me impresiona mucho y es Anthony Robbins, una leyenda en el mundo de la transformación y el liderazgo, y quien está rodeando los 60 años. En uno de sus seminarios, al que asistí en los Estados Unidos, empezó a hablar a las diez de la mañana y terminó a las dos de la mañana del día siguiente; dieciséis horas seguidas, así como lo lees, sin parar, en puro modo hervir y sin que yo me percatara siquiera de si fue al baño durante ese lapso o si, como cualquier mortal, tomó agua. Una mentalidad arrolladora, una alimentación saludable y ejercicio y pasión total por lo que hace despuntan como las principales razones que pude comprobar para resistir tanto.

Seguramente habrá más razones. Modo hervir absoluto. Una persona sin la preparación mental, física, espiritual y sin el hambre de comerse el mundo como la de Anthony Robbins, jamás lograría permanecer de pie ni la mitad de ese tiempo en un escenario ni tener el impacto que logró tener entre los asistentes, y en los que me incluyo, así contara con veinte años de edad. Lección: la edad física no significa mayor resistencia; a mí que me presenten a alguien que haga eso de veinte años sin las cualidades ya citadas y me quitaré el sombrero para reverenciarlo. Pago por verlo. Lo anterior sin mencionar que Anthony Robbins es una persona que tiene muchísimo dinero, pero que mantiene su ambición intacta, aunque de lejos se perciba que su "para qué" va mucho más allá de lo material. "¿Estás dejando entrever, Juan Diego, que un 'para qué' potente y trascendental vigoriza y mantiene la energía alta?". Que no te quepa la menor duda. Y de allí la importancia de tenerlo, y de recordar a estas alturas, para aquellos que no lo han descubierto aún o para quienes teniéndolo claro todavía no lo explotan, las sugerencias dadas en este libro. Un propósito de vida debe tener relación con tus fortalezas o con lo que haces mejor; debe motivarte para llevarlo a cabo a tal punto que se convierta, por encima de tu familia incluso, en la motivación Nivel 10 de tu vida. La lectura, las urgencias y la espiritualidad facilitan su logro, y lo más importante, su búsqueda incesante no le es indiferente al universo. Tu determinación es tu mérito para encontrarlo.

Pero hay más, volviendo al caso del señor Robbins. Al día siguiente de haber hablado dieciséis horas consecutivas, con un grado de energía brutal, la sesión la dirigió uno de sus colaboradores. Se presentó ante la audiencia. Una persona con una presencia y manejo del público increíbles, y quien también hizo una presentación muy extensa; ¡oh, sorpresa!, cuando reveló que tenía sesenta y dos años. El auditorio quedó atónito y nuevamente vi que no

es la edad en años la que define a la persona, sino su actitud, comportamiento y mentalidad.

Para no ir tan lejos, uno de mis asesores más cercanos,
mi padre, superó los 70 años al momento de escribir este
libro; se mantiene actualizado, se acuesta tarde, madruga,
estudia como nadie, y jamás creyó lo que a muchas personas les dicen desde mucho antes de llegar a su edad: "Tú
ya cumpliste". Ese mensaje limitante los devora en vida. Él,
por el contrario, se mantiene en un modo hervir que no se
ve en gente mucho menor.

Es triste encontrar a personas de 20 o 30 años y darse
cuenta muy rápido de que se han aniquilado a sí mismas.
Se acostumbraron a muchas comodidades por las que
poco lucharon; nacieron en cuna de plata, no valoraron la
importancia de los sacrificios y de ganarse las cosas a pul-
so. Los analizas y ves mentalidades pobres y anquilosadas,
puesto que no están ávidos de aprender, de crear o de vivir
más y de otra manera; no tienen un "para qué", y eso se les
nota.

Hay formas de incrementar y estimular la energía. Por
ejemplo, yo duermo poco, pero duermo bien. Seis horas de
sueño son suficientes para mí, si son ininterrumpidas y
profundas. Hacer ejercicio al menos tres veces por semana. Encontrar espacios para la reflexión, la meditación y el
silencio. Escuchar música (en particular la música electró-
nica cuando quiero aumentar mi energía y recomponer mi
estado y música zen cuando quiero meditar y relajarme) es
determinante para mantener mi modo hervir. Cada quien
debe hallar aquello que le recarga la energía, con criterio,
información y con la determinación de hacer cambios sos-
tenibles en su vida para lograr algo mejor.

La palabra es magia, es luz. No se la lleva el viento; define tu realidad. Vigila las que dices y las que te dicen. Sé púrpura.

Una motivación Nivel 10 es fuente de energía como lo citábamos. Una motivación tan fuerte que cuando llegue el lunes, lo recibas con todo el ánimo y avidez. La motivación para levantarse cada día y vivirlo con intensidad, ser el capitán de tu destino. No como le ocurre a muchos que abren los ojos y dicen: "Qué horror, otro día para ir a trabajar en algo que detesto, y si es lunes peor".

Necesitamos de gran energía para enfrentar el futuro, para crear nuestro presente y hacerlo exitoso. Sin ella, que es la que alimenta nuestro cuerpo y nuestra mente para ir por esas metas que nos trazamos, será más difícil ser ricos. Cultiva hábitos en tu vida que te llenen de energía: alimentación, ejercicio, lecturas, disciplina, lo que consideres que aporta y es afín en la consecución de tu riqueza.

La energía alta te ayuda a tener más ingresos pasivos. No puede haber nuevos ingresos que no requieran de tu presencia física sin vitalidad y creatividad; no podemos soportar urgencias con una energía baja, la cual por cierto es la principal fuente de enfermedades. Enfocarse en el futuro con optimismo sí que exige mucha energía. Y para hacerlo, para reconfigurar nuestro pasado, se requiere de una mentalidad optimista y ganadora. Quienes dicen que el pasado es inmodificable, tal vez tengan razón, pues no se pueden cambiar los hechos. Lo que sí puede cambiarse es la forma como se entienden, se interpretan y se apalanca uno en ellos.

Recuerda que apalancarse quiere decir tomar aquello que parece ser un obstáculo, un temor, comentarios que nos quieren hundir, situaciones que parecen sin salida, para convertirlos en los pilares que sostienen nuestra determinación de ser ricos. El pasado para muchos es un morral pesado que obstaculiza cualquier atisbo de riqueza y prosperidad futuras. En otras palabras, el pasado es como un hoyo negro que se puede tragar la energía que logremos canalizar para nuestro crecimiento personal y financiero en el presente. Puede ser un torpedo que hunda nuestras motivaciones; el pasado es el temor más grande de todos para muchas personas.

Sin embargo, recuerda que nunca es tarde para tener un pasado feliz, ten muy presente esto. *Nunca es tarde para tener un pasado feliz* significa que si bien el pasado ya pasó, ya se vivió, siempre puedes cambiar la manera en como ve ese pasado. Hay personas que me dicen a mí: "Juan Diego, el pasado me perjudica, estoy afectado por mi pasado". Por ejemplo, seres que consideran que tuvieron una infancia infeliz debido a que les hacían *bullying* o que en su casa no creían en ellos, o porque fueron sometidos a situaciones de violencia intrafamiliar muy fuertes o fueron muy pobres. Esta falta de confianza ha permeado su vida adulta y se aparece como un fantasma que los frena. He oído, por ejemplo: "me falta confianza, me falta creérmela; muchas veces pienso incluso que no soy digno de merecer la prosperidad, la riqueza".

Yo me hago matar por volver púrpura a quien le dijeron que nació para ser normal o uno más del montón. Su causa es la mía.

No podemos cambiar los hechos, pero sí podemos cambiar la manera como le damos sentido a ese pasado, y lejos de flagelarnos, lejos de preguntarle al cielo: "¿por qué me pasó esto a mí, Dios mío?", recompongamos el contexto y más bien averigüemos: para qué me sucedió; quizá gracias a eso que me pasó, yo puedo ser la persona que quiero ser; fruto de que eso me pasó a mí yo me puedo reinventar, apalancarme en ese pasado y recomponer mi presente y futuro. Eso es un salto cuántico en todas sus dimensiones.

El pasado no equivale al futuro, a no ser que tú sigas viviendo en ese pasado. Qué bueno entonces dar luces para que se desvinculen de una visión negativa de su pasado y por el contrario se apalanquen en él, se nutran de él para recomponer su contexto, su presente y por ende su futuro.

Como un ejemplo y caso real de esto recuerdo una vez que una mujer, madre de dos hijas, me dijo lo siguiente: "Juan Diego, odio a mi esposo y eso me corroe, me perjudica, me mantiene en modo odio". Le pregunté por qué lo odiaba y me respondió:

"Mi esposo nos abandonó a mis hijas y a mí, no volvió a responder por sus obligaciones en la casa y a mí me toca trabajar de sol a sol, desde las seis de la mañana muchas veces y hasta altas horas de la noche, sin ver a mis hijas, para poderlas sacar adelante; mientras que ese sinvergüenza se da la gran vida y no pone un solo peso. ¿Qué hago para poder avanzar y dar saltos cuánticos, como los que usted menciona?".

Le manifesté que en sus palabras estaba implícito el comienzo de su solución. Le dije:

"Usted, más bien, ¿por qué no recompone su contexto, mira las cosas de otra manera y en vez de odiar a esa persona, que no le hace bien ni a usted ni a él, dice: '¡Ah! bueno, nos dejaste, perfecto, ya veremos'? Y que ese abandono, ese dolor, se convierta de inmediato en un estímulo más, en una motivación más para triunfar, en un auténtico revulsivo para construir una película exitosa de su vida y que él, cuando la vea después, diga: '¿Por qué las abandoné?'".

Mira entonces cómo uno puede cambiar el odio, voltear ese odio y apalancarse en la "mierda que está comiendo". Decirle a ese hombre: "¿Creíste que no íbamos a poder progresar sin ti? Mira los resultados". Esa mujer, a partir de la sugerencia que le brindé para recomponer su contexto, lo que le pasaba, logró ver que es posible transformar su odio en una razón de lucha; una razón que la llevará a demostrar de qué está hecha realmente.

No existe muerte más triste que la de aquel que está para volar y solo camina.

Otro ejemplo. Un día, un joven soñador y de mentalidad púrpura me dice en mi oficina, durante una sesión personalizada: "Juan Diego, el pasado me sabotea". Una frase muy fuerte y más común de lo que creemos. Le pregunté por qué pensaba eso. "En mi casa, Juan Diego, no han creído en mí; siempre me consideraron un bueno para nada, un soñador, me repetían que no hacía bien esto o lo otro. Eso se me aparece incluso en los sueños y cada vez que pienso en mis aspiraciones, surgen esas voces tan fuertes y tan arraigadas que me paralizo. ¿Qué hago?".

La respuesta que le di fue: "apalancarse en esas dudas, demostrarles que nunca el tamaño de sus críticas puede ser mayor que el tamaño de tus sueños y que, más temprano que tarde, se pregunten por qué no creyeron en ti". Con esto quiero decir que un púrpura, una persona con mentalidad extraordinaria, a prueba de balas, está para volar en la vida; esa persona ve cada desconfianza que le tienen, cada duda que le manifiestan, como una banderilla que aumenta su bravura y hace emerger su casta. Los púrpuras nos alimentamos de la incredulidad; nos encantan las dudas de los demás, sus críticas, su escepticismo, su envidia. Todas son razones para progresar. Eso no nos mata; solo nos da más alas para volar, más razones para hacer de nuestro éxito algo contundente y demoledor. Si tú, por el contrario, tienes una mentalidad de vaca blanca, seguirás creyendo en las críticas que te hagan y en la desconfianza que te tengan; demuestra siempre de qué estás hecho, demuestra que tú sí puedes, y si así lo prefieres y te ayuda para volar, visualízate teniendo éxito en el futuro, material y espiritual, mientras todos los que no confiaban en ti ahora se reparten las migajas que caen de tu mesa.

Una forma de recomponer el contexto entonces es convertir las dudas, el *bullying*, las etiquetas, los juicios que te hagan, en razones para progresar. Por lo general, todas estas críticas y dudas provienen de personas que son auténticas vacas blancas, seres normales e insípidos que nunca han mostrado resultados, que no son dignos de ser ejemplos para ti, ni referentes para crecer, gente envejecida mentalmente, sin mayor pasado y sin menor futuro.

Dos ejemplos, los anteriores, que nos muestran, repito, que el pasado no equivale al futuro a no ser que sigamos viviendo en el pasado. Recomponer el contexto implica una gran inversión de energía y de emociones.

Cuando tú cambias lo que eres, cambias lo que haces, mil veces lo diré. "Juan Diego, ¿mi secreto es entonces cambiar de actividad a ver si en otra me va mejor?". No, el secreto está en reinventarse y en no creer que el hoy es equivalente al mañana. Al vivir una experiencia de transformación harás cosas distintas, impactantes, novedosas, púrpuras, mágicas y serás otro ser, quizá mucho más feliz. Yo me puedo convertir en quien me quiera convertir. Nunca olvides que antes que ser rico, hay que ser.

Y finalmente, no te flageles; si el éxito todavía te es esquivo, si todavía no has encontrado tu propósito de vida o "para qué", si la abundancia no ha llegado a tu existencia, recuerda que el universo no se quedará con nada; haz los méritos para que te lleguen las cosas buenas y el principal de ellos es una determinación tatuada con hierro caliente para decir, para decretar: "mi felicidad no es negociable".

10

¿Y DESPUÉS DE ESTE LIBRO QUÉ?

—

Quiero, en esta recta final del libro, que comiences por reflexionar sobre una pregunta: cuando mueras, ¿cómo quieres ser recordado? ¿Qué quieres que diga tu epitafio? He pensado sobre esto muchas veces en mi vida y la respuesta gravita alrededor de cambiar mediante saltos cuánticos, de encontrar un "para qué", de tener motivaciones Nivel 10 que alimenten los deseos y el hambre de alcanzar las metas y, por lo tanto, de la determinación de ser ricos y prósperos.

En mi caso, sé cómo quiero ser recordado y cuál será mi epitafio: "Aquí yace un hombre que se comprometió; un hombre que se puso al fuego; un hombre que nunca quiso morir como carbón, porque siempre quiso morir como diamante".

Desde el momento en que identifiqué mi propósito en la vida, inspirar y transformar a millones de personas para ser más felices, por medio de una mejor educación financiera y un mayor crecimiento personal, dedico cada minuto, de cada hora, de cada día, y de manera obsesiva, a invertir en ese objetivo. Estas páginas no tienen otro fin diferente a ese, y estoy seguro de que han sido reveladoras e inspiradoras para que afiance en tu existencia la determinación y aflore tu ser púrpura, tu ser esencial. Si hasta ahora no habías iniciado ese camino, considero que desde este momento cuentas con las herramientas, estrategias y hábitos pro-riqueza, para empezar a realizar los cambios que tu vida necesita y así alcanzar mejores ingresos y calidad de vida. No dejes pasar más tiempo.

Desde ya, no puede haber más minutos desperdiciados, ni esperas indefinidas, ni volverás a pronunciar palabras limitantes que te detengan en la construcción de tu propio "para qué"; no dejarás que los pensamientos negativos y los temores arruinen la oportunidad que te da la vida. Empieza hoy a comportarte como lo que quieres ser, modifica lo que tengas que cambiar desde este mismo instante, empezando por las compañías, por el lenguaje pobre que uses, por los estados de baja energía, por hacer las mismas inversiones de siempre, por abandonar tus miedos; que esta sea la última foto gris y de vaca blanca que te toma el universo, y que todas las que vengan de ahora en adelante resplandezcan de púrpura y felicidad.

Si tú cambias lo que eres, cambia lo que haces. ¿Quieres que crezca tu negocio? Empieza por crecer tú mismo.

Nadie dijo que siempre sería fácil vencer tus temores, derribar las etiquetas sociales que pesan sobre ti, dejar de hablar con palabras negativas o de duda, incluso ver con menor frecuencia a familiares y amigos que te impidan progresar. Recomponer el contexto es esencial; propiciar urgencias que te exijan y te induzcan a encontrar nuevas fuentes de ingresos tampoco es sencillo, cuando quizá llevamos años con una vida de vacas blancas y aspiramos a una de vacas púrpuras. Mi consejo simple es: empieza a ser HOY lo que quieres ser, porque la vida es corta y sería muy triste morir sin haberte atrevido a serlo.

La muerte, como lo decíamos en otro capítulo, es una motivación poderosa. Nos hace dejar a un lado la filosofía del "paso a paso" y nos empuja hacia la determinación y el cambio. Nos lleva hacia los saltos cuánticos saber que contamos con un tiempo limitado en la vida para hacer y ser lo que queremos ser. Sin embargo, la mayoría le tiene miedo a la muerte, por la simple razón de tener aplazados sus sueños. Si los sigues postergando, ¿cuándo serás púrpura? Por eso afirmo siempre que ser pobre, teniéndolo todo para ser rico, es un acto irresponsable con quienes dejarás al morir, propio de vacas blancas, no púrpuras.

Una vida mejor que la que tienes es posible. No digas como la mayoría: "esta fue la que me tocó". Te ayudo a ser púrpura.

Recuerda que las ideas son el nuevo nombre del dinero en el siglo XXI. Así que si tienes una idea en ciernes para iniciar tu propio negocio, no la deseches por miedo o porque hay gente tóxica que te dice que no es buena o, peor, que es imposible. Que esa no sea la razón. "Juan Diego, tengo ideas, pero en mi casa no me creen". Qué bueno; apaláncate en eso y luego invita a tus detractores a celebrar con las ganancias que arroje tu negocio, y hazlo sin rencor. Es importante que tengas motivaciones Nivel 10 en la vida. Porque cuando las tienes, los defectos, miedos y excusas quedan eclipsados.

Igual pasa con tu propio negocio; lo sacas adelante cuando tienes la fuerte necesidad de hacerlo; cuando a tu puerta golpea la urgencia, cuando se acerca la fecha del pago de la hipoteca o del semestre del colegio de tu hija. Pero ve más allá. Tú, como yo, vas a morir, pero que no muera tu obra. Inmortalízate con algo; deja un legado laboral. ¿Cuál va a ser? ¿Tu negocio, tus libros, tus videos, tal vez una fundación a través de la cual se ayudará a otros?

Muchos dudan de ti; te menosprecian y consideran poca cosa. Quiero que tu vida los haga enmudecer. Quiero verte en modo hervir.

Es posible que el mayor temor hacia una vida púrpura sea perder la "seguridad" que da contar con un empleo fijo. Lo primero que debes recordar es que no es fijo. Contar con un empleo fijo, en apariencia, o depender de una empresa o negocio que no es propio resulta ser a la larga una ilusión. Uno en la vida se va muriendo de a poquito, como cuando trabaja en algo que no disfruta y por lo que le pagan mal. No aceleres tu muerte o no llegues a ese día con el remordimiento de no haberte liberado de ese espejismo llamado "empleo e ingreso fijo".

Mi interés ha sido que las personas construyan y encuentren fuentes de ingresos diferentes a sus salarios. En una época de la vida un empleo puede ayudar para tener experiencia, ahorrar y quizás acumular un capital. Pero el salario no puede ser para siempre la única fuente de ingreso; depender de él es habituarse a la zona de confort, en la cual, hagas o no hagas bien las cosas, hagas o no hagas aquello que te apasiona, igual recibes un dinero al final del mes. Poco, pero dinero finalmente. Peor aún, pasan los días, pasan los años, y la mayoría continúa esperando una pensión que, si llega, será irrisoria, comparada con el tiempo que dedicó a trabajar, tiempo que nunca más volverá y que jamás le permitió cumplir sus metas púrpuras. Aunque quizás las otras sí, como vivir para pagar una hipoteca. Muy pocos se hacen ricos dependiendo de un salario.

De modo que piensa si ya es hora de dejar atrás el empleo aburrido y frustrante que tienes o aquel que, aunque gustándote mucho, no te proporciona el dinero que necesitas para mejorar tu calidad de vida de manera sustancial. Quizás es tiempo de tirar la vaca por el precipicio, lanzarse a las calles de la independencia y a la generación de tus propios recursos. Olvídate del salario. La obsesión financiera de las vacas púrpuras y de los verdaderamente ricos son los ingresos pasivos.

El salario y la pensión no alcanzan para pagar la calidad de vida que quiere tener una persona que realmente quiere ser rica. Si tú tienes tu propósito claro, la "cultura tradicional del ahorro" no te será suficiente para cumplir con él. Necesitarás volcarte hacia la cultura de la inversión en ti mismo, de la generación de más fuentes de ingresos y, aún mejor, de mayores ingresos pasivos cada vez. Si una persona tiene una cultura de inversión más que de ahorro, va a tener un capital que respalde ese deseo de ser cada día más próspera; esa determinación de contar con una mejor calidad de vida, no "algún día", sino a partir de cuando sea decretado.

Ahorrar es dejar el dinero en el banco, debajo del colchón, sin producir o produciendo lo mínimo. Ya lo hemos afirmado, en nuestros tiempos son el dinero y la tecnología los que deben trabajar para nosotros, no al contrario. Los días en que las personas debían esclavizarse en un puesto de trabajo que por cierto odiaban, para ir ahorrando "poco a poco", parecen una película en blanco y negro. Hoy deben ser el dinero y la tecnología los que trabajen para generar un verdadero capital.

"Juan Diego, me gustaría ser rico; ¿lo lograré?". Empieza por cambiar *me gustaría* por *seré*. ¡Aquello que decretas más fácilmente lo cumples!

Cuando alguien me dice que vino al mundo a conseguir dinero, le digo: "estás equivocado; el dinero es solo la consecuencia de lo que haces". La abundancia de dinero es la consecuencia lógica de algo que tú haces muy bien y que consigues que les llegue a muchos. La abundancia de dinero es también el desenlace esperado de las oportunidades que aprovecha una mente informada. Uno de los cambios fundamentales que debes hacer en tu vida es entender que tú mismo eres un producto, el más importante de tu portafolio de ventas, el indispensable en la búsqueda de mayores ingresos. Como tal, cuando venzas tus temores, y ya expliqué cómo hacerlo, descubrirás que tienes muchos talentos y que seguramente eres bueno en cosas que otros no. Esa es tu oportunidad para pasar de vaca blanca a vaca púrpura. No busques tener dinero; busca tener ideas que lo produzcan. No te concentres en el resultado, concéntrate en el propósito.

Esto tiene que ver mucho con pensar y desarrollar ideas que sirvan a miles, a millones, que impacten la vida de las personas. El mundo afuera está ávido de comprar y consumir una infinidad de cosas, escenario que se potenció con Internet. Ese "afuera" ya no es solo nuestro país, sino toda la región, todo el planeta. Esa es nuestra realidad de los negocios y nos toca a todos sin excepción. Así que allá "afuera" tienes un mercado cautivo para atender en lo que tú hagas muy bien. La cantidad de gente que logres que te vea será directamente proporcional al dinero que recibas. Y me refiero a aprovechar las redes sociales que hoy todos usamos.

La más arraigada de las creencias populares que mitiga el deseo de ser rico es la que habla de que el dinero es malo. ¿Cómo puede alguien volverse millonario, si cuando le pregunto por lo que opina del dinero, me dice: "es un mal necesario"? ¡Cuál mal necesario, por favor! El dinero es muy importante y, por si no lo recuerdas, con él se imprimen las biblias y se construyen las iglesias. Cuando alguien dice que el dinero no es prioritario, ya sé alguna de estas dos cosas: que es pobre o que nunca será rico.

Por eso quiero que llegue el día en que compres lo que quieras, lo que te gusta, no lo que puedes porque "solo para eso alcanza"; que dejes de preguntar siempre: ¿cuánto vale o por qué tan caro? El dinero no es una barrera, y si quieres ser rico no puedes seguirlo viendo como un bien escaso o limitado, sino como algo que tú mismo generas según tus aspiraciones y ambiciones. A muchos los criaron diciéndoles que la ambición es mala. Pero quienes decían eso llevaban una vida muy frugal y poco digna de imitar. De manera que no le temas a someterte a presiones, ni a fijar metas altas. Te lo anticipo: después de esto, NUNCA volverás a ser el mismo.

"Hijo, la ambición es mala, te podemos perder". "Padre, pero me está yendo muy bien, y le podré ayudar más a su iglesia". "Entonces, adelante, hijo".

Como una mariposa que antes fue oruga, permítete el goce de transformarte, volar y alcanzar tus metas como yo lo he hecho. Enfócate en tu "para qué" y no permitas que los temores ganen terreno. Siempre con un lenguaje optimista y ganador. Valga recordar una y otra vez: el logro no es conseguir dinero para acumular más y más cada vez; el dinero no es la meta final. El propósito profundo y trascendente de nuestra vida es la meta, servir, impactar vidas, siendo el dinero un medio para alcanzarlo en algunos casos, y en otros, la feliz consecuencia de desarrollar ese propósito. Así que vuela, sí, pero por tu "para qué", para impactar a las personas.

Ya lo decíamos: alcanzar la riqueza, la prosperidad y la abundancia, va ligado de una manera directa con el crecimiento de cada cual como ser humano. Esa motivación trascendente debe hacernos hervir, hacernos ver luminosos en la distancia y que cuando nos pregunten por ella seamos tan apasionados que nos desborde y se nos salga del cuerpo tanto placer que nos produce. El dinero llegará por sí solo a nuestra puerta cuando realmente estemos invirtiendo en ese gran objetivo.

Recuerda, te quiero ver hervir, te quiero ver hervir. Una vaca púrpura no le pide permiso al destino; una vaca púrpura es el destino. Después de todo, ¡quién dijo miedo!

Hoy es el primer día de tu nueva vida, de tu nueva aproximación al dinero y a las formas de conseguirlo. Mira a tu alrededor cuánta gente en el mundo llora y se lamenta; tú solo ocúpate de vender pañuelos.

Para terminar, y agradeciéndote de corazón que hayas leído este libro, solo me resta decirte lo siguiente: ya veré si tus motivaciones son Nivel 10; ya veré si tus defectos, tus dudas, tus temores, son más pequeños que el tamaño de tu ambición; ya veré si la estatura de tus críticos, de los que no confiaban en ti, de los que te decían que no servías para nada, es inferior a la estatura de tus sueños; ya veré si cuando nos encontremos, en cualquier rincón del planeta, hierves a la distancia, te quemas por dentro, porque tienes una antorcha tan grande y que ilumina un destino tan conocido, que te desbordas y sales de tu cuerpo. Me podrás mentir; nos veremos la cara en algún lugar de este mundo, y me evitarás, si incumples el reto que de este libro se desprende: que halles tu "para qué", que crees tu propio negocio, o si ya lo tienes, que lo pongas a crecer y a volar. A quien no le podrás mentir jamás es a alguien que te acompañará hasta la tumba: a ti mismo. Recuerda: o subes los ingresos de tu negocio al nivel de tus sueños, o te tocará bajar tus sueños al nivel de tus ingresos. Te quiero ver en modo hervir; quiero que te comas el mundo; quiero que te apalanques en todos los que dudan y que vayas por todo lo que te mereces.

¡Quién dijo miedo!

SOBRE EL AUTOR

Juan Diego Gómez Gómez fue profesor de cátedra en pregrado y posgrado durante doce años en las áreas de Macroeconomía, Política Económica, Inversiones y Mercados Financieros en las universidades de Antioquia, Pontificia Bolivariana, Eafit, Escuela de Ingeniería de Antioquia y Javeriana.

Es administrador de negocios de la Universidad Eafit de Medellín, tiene un posgrado en Finanzas en esta misma institución, estudios de economía y desarrollo económico en la London School of Economics, en el Birkbeck College de la Universidad de Londres y Negociación en la Universidad de Harvard.

Fue corredor de la bolsa de Medellín durante cinco años, laboró en los departamentos financieros de Enka de Colombia y el Banco Industrial Colombiano (hoy Bancolombia) y fue gerente de planeación de Corfinsura.

Fue columnista para los diarios *El Colombiano* y *La República* por espacio de cinco años. Es autor y coautor de diversas ponencias sobre temas financieros para eventos internacionales y ha publicado cinco libros: *Lecturas de economía y finanzas* (1999), *Acciones, teoría y práctica del mercado de renta variable en Colombia* (1999), *Inversiones y mercado de capitales* (2000), *Análisis financiero y económico* (2001) e *Inversiones por Internet* (2004).

Ha sido asesor de Skandia en el tema de pensiones voluntarias y de Procter & Gamble en inversiones y finanzas personales, además de expositor y coordinador académico de 75 seminarios sobre inversiones por Internet; 6 de ellos en línea, 64 seminarios presenciales dirigidos a personas naturales y 5 a personas jurídicas (Uniban, ISA, Fondo de Garantías de Antioquia, Empresas Públicas de Medellín y Universidad Autónoma de Manizales).

En 2009 inauguró su seminario de Libertad Financiera y Finanzas Personales; en 2011 el Programa de Formación de Traders y el sitio InvertirPorInternet.com; en 2013 TuNegocioWeben1Día.com y la conferencia SER Extraordinario; en 2014 GanarDineroConVideos.com y la conferencia "Menos miedos, más riquezas" y en 2016 la conferencia "Cómo enriqueSERse".

En la actualidad es el *youtuber* de mayor influencia en América Latina en temas de educación financiera y crecimiento personal, con más de ochocientos mil seguidores en las redes sociales y cerca de cuarenta millones de reproducciones en su canal de YouTube Invertir MejorOnline.

www.InvertirMejor.com
www.InvertirPorInternet.com
youtube.com/InvertirMejorOnline
facebook.com/InvertirMejorOnline
Twitter: @InvertirMejor